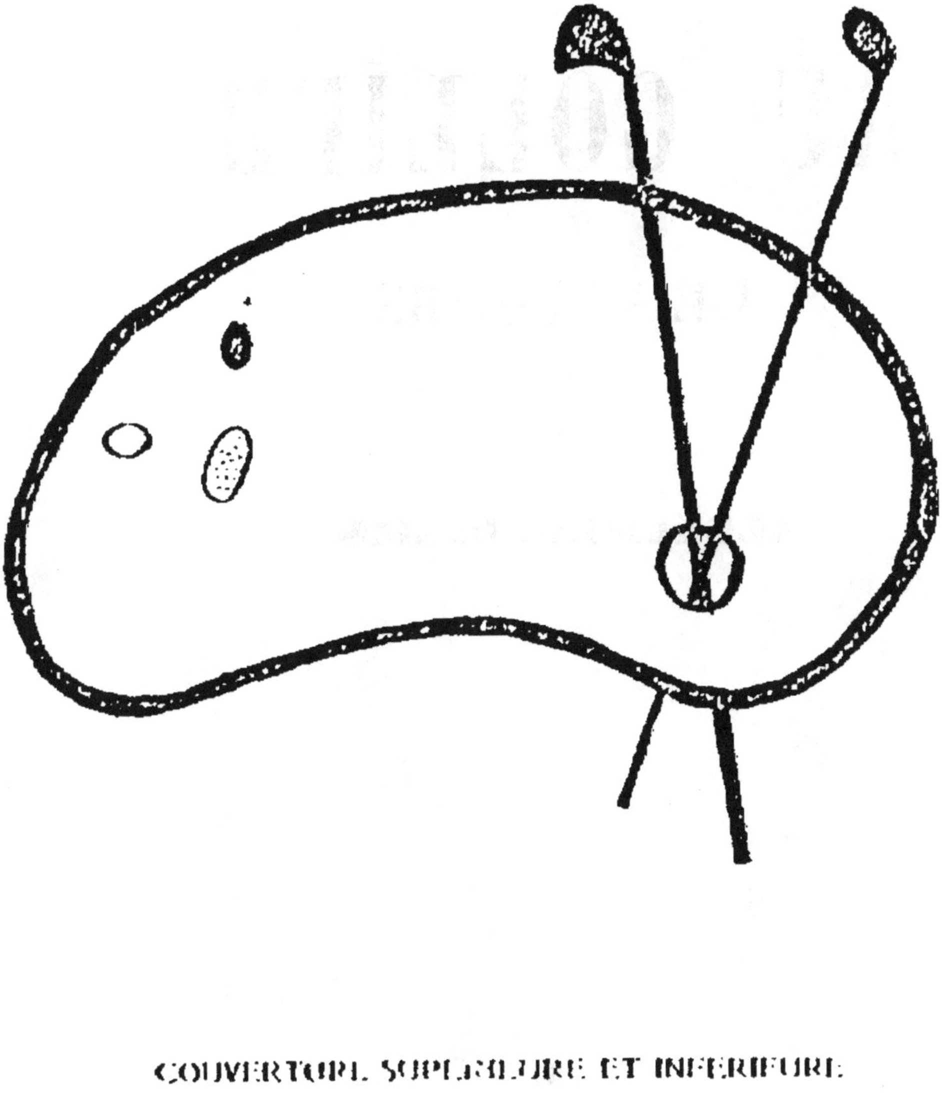

COUVERTURE SUPERIEURE ET INFERIEURE
EN COULEUR

LA FEMME
AU COLLIER
DE VELOURS

PAR

ALEXANDRE DUMAS.

1

PARIS
ALEXANDRE CADOT, ÉDITEUR
32, RUE DE LA HARPE

1850

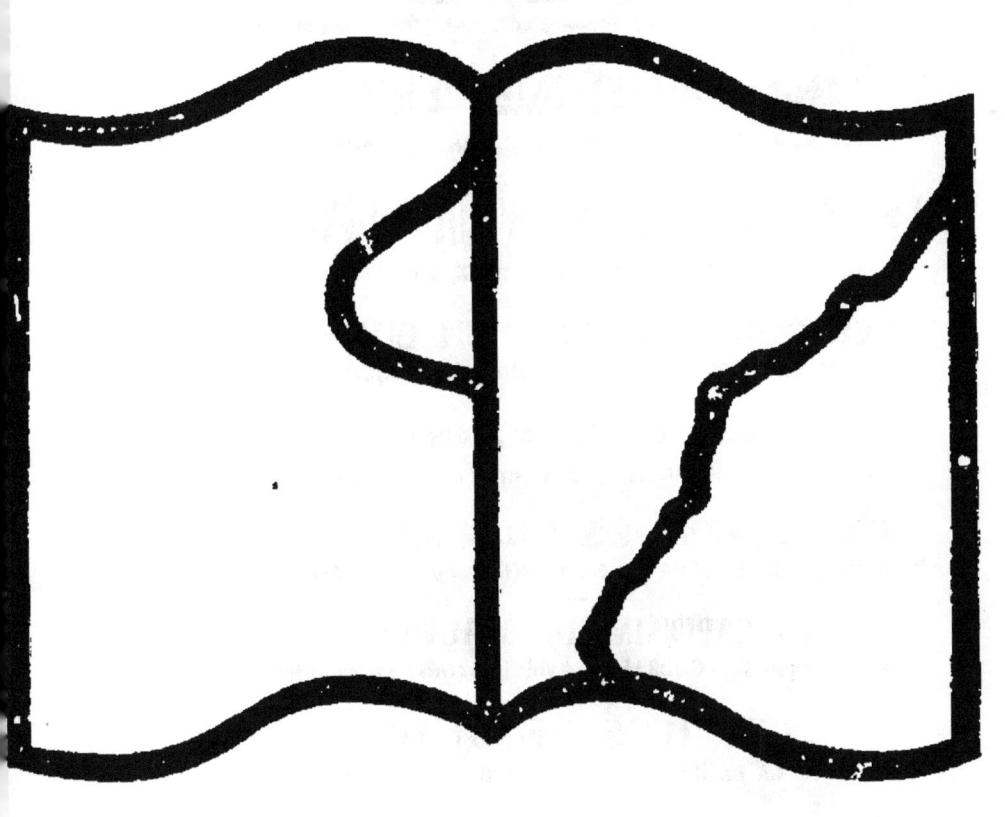

Texte détérioré — reliure défectueuse

NF Z 43-120-11

EN VENTE :

HÉLÈNE
Par Madame CHARLES REYBAUD. — 2 vol. in-8 (*Ouvrage complet*).

TRISTAN LE ROUX
Par A. DUMAS fils. — 3 vol. in-8 (*Ouvrage complet*).

LES AVENTURES DE SATURNIN FICHET
Par FRÉDÉRIC SOULIÉ. — Tomes 7, 8 et 9 (fin).

LES CONFESSIONS D'UN BOHÊME
Par X. DE MONTÉPIN. — 5 vol. in-8 (*Ouvrage complet et inédit*).

LE LÉGATAIRE
Par A. DE GONDRECOURT. — 2 vol. in-8 (*Ouvrage complet*).

UN CAPRICE DE GRANDE DAME
Par le Marquis DE FOUDRAS. — 3 v. in-8 (*Ouvrage complet et inédit*).

UN CAPITAINE DE BEAUVOISIS
Par le Marquis DE FOUDRAS. — 4 vol. in-8 (*Ouvrage complet*).

LES ILES DE GLACE
Par G. DE LA LANDELLE. — 4 vol. in-8 (*Ouvrage complet*).

UN MARI CONFIDENT
Par Mme SOPHIE GAY. — 2 vol. in-8 (*Ouvrage complet et inédit*).

JACQUES DE BRANCION
Par le Marquis DE FOUDRAS. — 5 vol. in-8 (*Ouvrage complet*).

LOUIS XVI,
Par ALEXANDRE DUMAS. — 5 vol. in-8 (*Ouvrage complet et inédit*).

FRANÇOIS LE CHAMPI
Par GEORGE SAND. — 2 vol. in-8 (*Ouvrage complet*).

Sceaux. — Imprimerie de E. Dépée.

LA FEMME AU COLLIER DE VELOURS.

Ouvrages de A. de Gondrecourt.

Les Vedettes

Le Légataire	2 vol.
Les Péchés mignons	3 vol.
Médine	2 vol.
La Marquise de Candeuil	2 vol.
Un Ami diabolique	3 vol.
Les derniers Kerven	2 vol.

Sous presse.

La Chasse aux diamants.
Le Bout de l'oreille.
La Tour de Dago.

Ouvrages du Marquis de Foudras.

Les Vedettes

Un Caprice de grande dame	5 vol.
Un Capitaine de Beauvoisis	4 vol.
Jacques de Brancion	3 vol.
Les Gentilshommes chasseurs	2 vol.
Les Viveurs d'autrefois	4 vol.
Les Chevaliers du Lansquenet	10 vol.
Lord Algernon	4 vol.
Madame de Miremont	2 vol.
Lilla la Tyrolienne	4 vol.
Tristan de Beauregard	4 vol.
Suzanne d'Estoaville	4 vol.
La comtesse Alvinzi	2 vol.

Sous presse.

Dames de cœur et Dames de pique.
Le dernier des Roués.
Un Drame en famille.
Les Veillées de la Saint Hubert.
Le Commandeur de Pontaubert.
La chasse et l'amour

Ouvrage d'Alexandre Dumas.

LA COMTESSE DE SALISBURY.
6 volumes in-8.

On vend séparément les derniers volumes pour compléter la première édition.

Impr. de E. Dépée, à Sceaux (Seine).

LA FEMME
AU COLLIER
DE VELOURS

PAR

ALEXANDRE DUMAS.

I

PARIS
ALEXANDRE CADOT, ÉDITEUR,
32, RUE DE LA HARPE.
—
1850

1

L'Arsenal.

Le 4 décembre 1846, mon bâtiment étant à l'ancre depuis la veille dans la baie de Tunis, je me réveillai vers cinq heures du matin avec une de ces impressions de profonde mélancolie qui font, pour tout un jour, l'œil humide et la poitrine gonflée.

Cette impression venait d'un rêve.

Je sautai en bas de mon cadre, je passai un pantalon à pieds, je montai sur le pont et je regardai en face et autour de moi.

J'espérais que le merveilleux paysage qui se déroulait sous mes yeux allait distraire mon esprit de cette préoccupation, d'autant plus obstinée, qu'elle avait une cause moins réelle.

J'avais devant moi, à une portée de fusil, la jetée qui s'étendait du fort de la Goulette au fort de l'Arsenal, laissant un étroit passage aux bâtiments qui veulent pénétrer du golfe dans le lac. Ce lac aux eaux bleues, comme l'azur du ciel qu'elles réfléchissaient, était tout agité, dans certains endroits, par les battements d'ailes d'une troupe de cygnes, tandis que, sur des pieux plantés de distance en distance pour indiquer des bas-fonds, se tenait immobile, pareil à ces oiseaux qu'on sculpte sur les sépulcres, un cormoran qui, tout à coup, se laissait tomber comme une pierre, plongeait pour attraper sa proie, revenait à la surface de l'eau avec un poisson au travers du bec, avalait ce poisson, remontait sur son pieu, et reprenait sa taciturne immobilité jusqu'à ce qu'un nouveau poisson, passant à sa portée, sollicitât son appétit, et l'emportant sur sa paresse, le fit disparaître de nouveau, pour reparaître encore.

Et pendant ce temps, de cinq minutes en cinq minutes, l'air était rayé par une file de flamands dont les ailes de pourpre se détachaient sur le blanc mat de leur plumage, et, formant un dessin carré, semblaient un jeu de cartes composé d'as de carreaux seulement, et volant sur une seule ligne.

A l'horizon était Tunis, c'est-à-dire un amas de maisons carrées, sans fenêtres, sans ouvertures, montant en amphithéâtre, blanches comme de la craie, et se détachant sur le ciel avec une netteté singulière. A gauche s'élevaient, comme une immense muraille à créneaux, les montagnes de Plomb, dont le nom indique la teinte sombre; à leur pied rampaient le marabout et le village des Sidi-Fathallah; à droite, on distinguait le tombeau de saint Louis, et la place où fut Carthage, deux des plus grands souvenirs qu'il y ait dans l'histoire du monde. Derrière nous se balançait à l'ancre le *Montézuma*, magnifique frégate à vapeur de la force de quatre cent cinquante chevaux.

Certes, il y avait bien là de quoi distraire l'imagination la plus préoccupée. A la vue de toutes ces richesses, on eût oublié et la veille, et le jour et le lendemain. Mais mon esprit était, à dix ans de là, fixé obstinément sur une seule pensée qu'un rêve avait cloué dans mon cerveau.

Mon œil devint fixe. Tout ce splendide panorama s'effaça peu à peu dans la vaguité de mon regard. Bientôt je ne vis plus rien de ce qui existait. La réalité disparut; puis, au milieu de ce vide nuageux, comme sous la baguette d'une fée, se dessina un salon aux lambris blancs, dans l'enfoncement duquel, assise devant un piano où ses doigts erraient négligemment, se tenait une femme inspirée et pensive à la fois, une muse, et une sainte. Je reconnus cette femme, et je murmurai comme si elle eût pu m'entendre :

— Je vous salue, Marie, pleine de grâces, mon esprit est avec vous.

Puis, n'essayant plus de résister à cet ange aux ailes blanches qui me ramenait aux jours de ma jeunesse, et, comme une vision charmante, me montrait cette chaste figure de jeune fille, de jeune femme et de mère, je me laissai emporter au courant de ce fleuve qu'on appelle la mémoire, et qui remonte le passé au lieu de descendre vers l'avenir.

Alors je fus pris de ce sentiment si égoïste, et par conséquent si naturel à l'homme, qui le pousse à ne point garder sa pensée à lui seul, de doubler l'étendue de ses sensations en les communiquant, et de verser enfin dans une autre âme la liqueur douce ou amère qui remplit son âme.

Je pris une plume et j'écrivis :

« A bord du *Véloce*, en vue de Carthage et de
Tunis, le 4 décembre 1846.

« Madame,

« En ouvrant une lettre datée de Carthage et de Tunis, vous vous demanderez qui peut vous écrire d'un pareil endroit, et vous espérerez recevoir un autographe de Régulus ou de Louis IX. Hélas! Madame, celui qui met de si loin son humble souvenir à vos pieds, n'est ni un héros, ni un saint, et s'il a jamais eu quelque ressemblance avec l'évêque d'Hippone, dont il y a trois jours il visitait le tombeau, ce n'est qu'à la première partie de la vie de ce grand homme que cette ressemblance peut être applicable. Il est vrai que, comme lui, il peut racheter cette première partie de la vie par la seconde. Mais il est déjà bien tard pour faire pénitence, et, selon toute probabilité, il mourra comme il a vécu, n'osant pas même laisser après lui ses confessions, qui, à la rigueur, peuvent se laisser raconter, mais qui ne peuvent guère se lire.

« Vous avez déjà couru à la signature, n'est-ce pas, Madame, et vous savez à qui vous avez affaire ; de sorte que maintenant vous vous demandez comment, entre ce magnifique lac qui est le tombeau d'une ville, et le pauvre monument qui est le sépulcre d'un roi, l'auteur des *Mousquetaires* et de *Monte-Cristo* a songé à vous écrire, à vous justement quand, à Paris, à votre porte, il demeure quelquefois un an tout entier sans aller vous voir.

« D'abord, Madame, Paris est Paris, c'est-à-dire une espèce de tourbillon où l'on perd la mémoire de toutes choses, au milieu du bruit que fait le monde en courant et la terre en tournant. A Paris, voyez-vous, je fais comme le monde et comme la terre ; je cours et je tourne, sans compter que, lorsque je ne tourne ni ne cours, j'écris. Mais alors, Madame, c'est autre chose, et quand j'écris, je ne suis plus déjà si séparé de vous que vous le pensez, car vous êtes une de ces rares personnes pour lesquelles j'écris, et il est bien extraordinaire que je ne me dise pas, lorsque j'achève un chapitre dont je suis content, ou un livre qui est bien venu : — Marie Nodier, cet esprit rare et charmant, lira cela, — et je suis fier, Madame, car j'espère qu'après que vous aurez lu ce que je viens d'écrire, je grandirai peut-être encore de quelques lignes dans votre pensée.

« Tant il y a, Madame, pour en revenir à ma pensée, que, cette nuit, j'ai rêvé, je n'ose pas dire à vous, mais de vous, oubliant la houle qui balançait un gigantesque bâtiment à vapeur que le gouvernement me prête, et sur lequel je donne l'hospitalité à un de vos amis et à un de vos admirateurs, à Boulanger, et à mon fils, sans compter Giraud, Maquet, Chancel et Desbarolles qui se rangent au nombre de vos connaissances, tant il y a, disais-je, que je me suis endormi sans songer à rien, et comme je suis presque dans le pays des Mille-et-Une-Nuits, un génie m'a visité et m'a fait entrer dans un rêve dont vous avez été la reine.

« Le lieu où il m'a conduit, ou plutôt ramené, Madame, était bien mieux qu'un palais, était bien mieux qu'un royaume ; c'était cette bonne et excellente maison de l'Arsenal, au temps de sa joie et de son bonheur, quand notre bien-aimé Charles en faisait les honneurs avec toute la franchise de l'hospitalité antique, et notre bien respectée Marie, avec toute la grâce de l'hospitalité moderne.

« Ah! croyez bien, Madame, qu'en écrivant ces lignes, je viens de laisser échapper un bon gros soupir. Ce temps a été un heureux temps pour moi. Votre esprit charmant en donnait à tout le monde, et quelquefois, j'ose le dire, à

moi plus qu'à tout autre. Vous voyez
que c'est un sentiment égoïste qui me
rapproche de vous. J'empruntais quelque chose à votre adorable gaîté, comme
le caillou du poète Saadi empruntait une
part du parfum de la rose.

« Vous rappelez-vous le costume d'ar-
cher de Paul? vous rappelez-vous les
souliers jaunes de Francisque Michel?
vous rappelez-vous mon fils en débar-
deur? vous rappelez-vous cet enfoncement où était le piano et où vous chan-
tiez *Lazzara*, cette merveilleuse mélodie
que vous m'avez promise, et que, soit dit

sans reproches, vous ne m'avez jamais donnée?

« Oh! puisque je fais appel à vos souvenirs, allons plus loin encore : vous rappelez-vous Fontaney et Alfred Johannot, ces deux figures voilées qui restaient toujours tristes au milieu de nos rires, car il y a dans les hommes qui doivent mourir jeunes un vague pressentiment du tombeau? Vous rappelez-vous Taylor, assis dans un coin, immobile, muet et rêvant dans quel voyage nouveau il pourra enrichir la France d'un tableau espagnol, d'un bas-relief grec ou d'un obélisque égyptien? Vous rappelez-vous de Vigny, qui, à cette époque, doutait peut-être de sa transfiguration et daignait encore se mêler à la foule des hommes? Vous rappelez-vous Lamartine debout devant la cheminée, et laissant rouler jusqu'à nos pieds l'harmonie de ses beaux vers; vous rappelez-vous Hugo le regardant et l'écoutant comme Etéocle devait regarder et écouter Polynice, seul parmi nous avec le sourire de l'égalité sur les lèvres; tandis que madame Hugo, jouant avec ses beaux cheveux, se tenait à demi-couchée sur le canapé, comme fatiguée de la part de gloire qu'elle porte?

« Puis, au milieu de tout cela, votre

mère, si simple, si bonne, si douce; votre tante, madame de Tercy, si spirituelle et si bienveillante; Dauzats, si fantasque, si hableur, si verveux; Barye, si isolé au milieu du bruit, que sa pensée semble toujours envoyée par son corps à la recherche d'une des sept merveilles du monde; Boulanger, aujourd'hui si mélancolique, demain si joyeux, toujours si grand peintre, toujours si grand poète, toujours si bon ami dans sa gaîté comme dans sa tristesse; puis enfin cette petite fille se glissant entre les poètes, les peintres, les musiciens, les grands hommes, les gens d'esprit et les savants. Cette petite fille que je prenais dans le creux de ma main et que je vous offrais comme une statuette de Barre ou de Pradier? Oh! mon Dieu! mon Dieu! qu'est devenu tout cela, Madame?

« Le Seigneur a soufflé sur la clé de voûte, et l'édifice magique s'est écroulé, et ceux qui le peuplaient se sont enfuis, et tout est désert à cette même place où tout était vivant, épanoui, florissant.

« Fontaney et Alfred Johannot sont morts, Taylor a renoncé aux voyages, de Vigny s'est fait invisible, Lamartine est député, Hugo pair de France, et Boulanger, mon fils et moi, sommes à Carthage, d'où je vous vois, Madame, en poussant ce bon gros soupir dont je vous parlais tout à l'heure, et qui, malgré le vent qui emporte comme un nuage la fumée mourante de notre bâtiment, ne rattrapera jamais ces chers souvenirs que le temps aux ailes sombres entraîne silencieusement dans la brume grisâtre du passé.

« O printemps, jeunesse de l'année ! ô jeunesse, printemps de la vie !

« Eh bien, voilà le monde évanoui qu'un rêve m'a rendu, cette nuit, aussi brillant, aussi visible, mais en même emps, hélas ! aussi impalpable que ces atômes qui dansent au milieu d'un rayon de soleil, infiltré dans une chambre sombre par l'ouverture d'un contrevent entrebâillé.

« Et maintenant, Madame, vous ne vous étonnez plus de cette lettre, n'est-ce pas? Le présent chavirerait sans cesse s'il n'était maintenu en équilibre par le poids de l'espérance et le contrepoids des souvenirs, et malheureusement ou heureusement peut-être, je suis de ceux chez lesquels les souvenirs l'emportent sur les espérances.

« Maintenant parlons d'autre chose; car il est permis d'être triste, mais à la condition qu'on n'embrunira pas les autres de sa tristesse. Que fait mon ami Boniface ? – Ah ! j'ai, il y a huit ou dix jours, visité une ville qui lui vaudra bien des pensums, quand il trouvera son nom dans le livre de ce méchant usurier qu'on nomme Salluste. Cette ville, c'est Constantine, la vieille Cyrta, merveille bâtie au haut d'un rocher, sans doute par une race d'animaux fantastiques ayant des ailes d'aigles et des mains d'hommes, comme Hérodote et Levaillant, ces deux grands voyageurs, en ont vu.

« Puis, nous avons passé un peu à Utique et beaucoup à Byzerte. Giraud a fait dans cette dernière ville le portrait d'un notaire turque, et Boulanger de son maître-clerc. Je vous les envoie, Madame, afin que vous puissiez les comparer aux notaires et aux maîtres-clercs de Paris. Je doute que l'avantage reste à ces derniers.

« Moi, j'y suis tombé à l'eau en chassant les flamands et les cygnes, accident qui, dans la Seine, gelée probablement à cette heure, aurait pu avoir des suites fâcheuses, mais qui, dans le lac de Caton, n'a eu d'autre inconvénient que de me faire prendre un bain, tout habillé, et cela au grand étonnement d'Alexandre, de Giraud et du gouverneur de la ville, qui, du haut d'une terrasse, suivaient notre barque des yeux, et qui ne pouvaient comprendre un évènement qu'ils attribuaient à un acte de ma fantaisie, et qui n'était que la perte de mon centre de gravité.

« Je m'en suis tiré comme les cormorans dont je vous parlais tout à l'heure, Madame, comme eux j'ai disparu, comme eux je suis revenu sur l'eau ; seulement, je n'avais pas, comme eux, un poisson dans le bec.

« Cinq minutes après je n'y pensais plus, et j'étais sec comme M. Valéry, tant le soleil a mis de complaisance à me caresser.

« Oh! je voudrais, partout où vous êtes, Madame, conduire un rayon de ce beau soleil, ne fût-ce que pour faire éclore sur votre fenêtre une touffe de myosotis.

« Adieu, Madame, pardonnez-moi cette longue lettre; je ne suis pas coutumier de la chose, et, comme l'enfant qui se défendait d'avoir fait le monde, je vous promets que je ne le ferai plus; mais aussi pourquoi le concierge du ciel a-t-il laissé ouverte cette porte d'ivoire par laquelle sortent les songes dorés ?

« Veuillez agréer, Madame, l'hommage de mes sentiments les plus respectueux.

« Alexandre Dumas.

« Je serre bien cordialement la main de Jules. »

Maintenant, à quel propos cette lettre tout intime ? C'est que, pour raconter à mes lecteurs l'histoire de la femme au collier de velours, il me fallait leur ouvrir les portes de l'Arsenal : c'est-à-dire de la demeure de Charles Nodier.

Et maintenant que cette porte m'est ouverte par la main de sa fille, et que par conséquent nous sommes sûrs d'être les bienvenus : « qui m'aime me suive. »

II

L'Arsenal (SUITE).

A l'extrémité de Paris, faisant suite au quai des Célestins, adossé à la rue Morland, et dominant la rivière, s'élève un grand bâtiment sombre et triste d'aspect nommé l'Arsenal.

Une partie de terrain sur lequel s'étend cette lourde bâtisse, s'appelait avant le creusement des fossés de la ville, le Champ-au-Plâtre. Paris, un jour qu'il se préparait à la guerre, acheta le champ et fit construire des granges pour y placer son artillerie. Vers 1555, François Ier s'aperçut qu'il manquait de canons et eut l'idée d'en faire fondre. Il emprunta donc une de ces granges à sa bonne ville, avec promesse bien entendu, de la rendre dès que la fonte serait achevée; puis, sous prétexte d'accélérer le travail, il en emprunta une seconde, puis une troisième, toujours avec la même promesse; puis en vertu du proverbe qui dit que ce qui est bon à prendre

est bon à garder, il garda sans façon
les trois granges empruntées.

Vingt ans après, le feu prit à une vingtaine de milliers de poudre qui s'y trouvaient enfermés. L'explosion fut terrible : Paris trembla comme tremble Catane les jours où Encelade se remue. Des pierres furent lancées jusqu'au bout du faubourg Saint-Marceau ; les roulements de ce terrible tonnerre allèrent ébranler Melun. Les maisons du voisinage oscillèrent un instant, comme si elles étaient ivres, puis s'affaissèrent sur elles-mêmes. Les poissons périrent dans la rivière, tués par cette commotion inattendue; enfin, trente personnes, enlevées par l'ouragan de flammes, retombèrent en lambeaux : cent cinquante furent blessés. D'où venait ce sinistre ? Quelle était la cause de ce malheur? On l'ignora toujours; et, en vertu de cette ignorance, on l'attribua aux protestants.

Charles IX fit reconstruire, sur un plus vaste plan, les bâtiments détruits. C'était un bâtisseur que Charles IX : il faisait sculpter le Louvre, tailler la fontaine des Innocents par Jean Goujon, qui y fut tué, comme chacun sait, par une balle perdue. Il eût certainement mis fin à tout, le grand artiste et le grand poète, si Dieu, qui avait certains comptes à lui demander à propos du 24 août 1572, ne l'eût rappelé.

Ses successeurs reprirent les constructions où il les avait laissées, et les continuèrent. Henri III fit sculpter, en 1584, la porte qui fait face au quai des Célestins; elle était accompagnée de colonnes en forme de canons, et sur la table de marbre qui la surmontait, on lisait ce distique de Nicolas Bourbon, que Santeuil demandait à acheter au prix de la potence.

Œtna hæc Henrico vulcania tela ministrat
Tela giganteos debellatura furores.

Ce qui veut dire en français :

« L'Etna prépare ici les traits avec lesquels Henri doit foudroyer la fureur des géants. »

Et, en effet, après avoir foudroyé les géants de la Ligue, Henri planta ce beau jardin qu'on y voit sur les cartes du temps de Louis XIII, tandis que Sully y établissait son ministère et faisait peindre et dorer les beaux salons qui font encore aujourd'hui la bibliothèque de l'Arsenal.

En 1825, Charles Nodier fut appelé à la direction de cette Bibliothèque, et quitta la rue de Choiseul où il demeurait, pour s'établir dans son nouveau logement.

C'était un homme adorable que Nodier, sans un vice, mais plein de défauts, de ces défauts charmants qui font l'originalité de l'homme de génie, prodigue, insouciant flâneur, flâneur comme Figaro était paresseux! avec délices.

Nodier savait à peu près tout ce qu'il était donné à l'homme de savoir; d'ailleurs, Nodier avait le privilège de l'homme de génie : quand il ne savait pas il inventait, et ce qu'il inventait, était bien autrement ingénieux, bien autrement coloré, bien autrement probable que la réalité.

D'ailleurs plein de systèmes, paradoxal avec enthousiasme, mais pas le moins du monde propagandiste; c'était pour lui-même que Nodier était paradoxal, c'était pour lui seul que Nodier se faisait des systèmes; ses systèmes adoptés, ses paradoxes reconnus, il en eut changé, et s'en fût immédiatement fait d'autres.

Nodier était l'homme de Térence, à qui rien d'humain n'est étranger. Il aimait pour le bonheur d'aimer; il aimait comme le soleil luit, comme l'eau murmure, comme la fleur parfume : tout ce qui était bon, tout ce qui était beau, tout ce qui était grand lui était sympathique; dans le mauvais même, il cherchait ce qu'il y avait de bon, comme, dans la plante vénéneuse, le chimiste, du sein du poison même tire un remède salutaire.

Combien de fois Nodier avait-il aimé? c'est ce qu'il lui eût été impossible de dire à lui-même; d'ailleurs, le grand poète qu'il était, il confondait toujours le rêve avec la réalité. Nodier avait caressé avec tant d'amour les fantaisies de son imagination, qu'il avait fini par croire à leur existence. Pour lui, Thérèse Aubert, la Fée aux Miettes, Inès de la Sierra, avaient existé. C'étaient ses filles, comme Marie ; c'étaient les sœurs de Marie ; seulement, madame Nodier n'avait été pour rien dans leur création ; comme Jupiter, Nodier avait tiré toutes ces Minerves-là de son cerveau.

Mais ce n'étaient pas seulement des créatures humaines, ce n'étaient pas seulement des filles d'Eve et des fils d'Adam que Nodier animait de son souffle créateur. Nodier avait inventé un animal, il l'avait baptisé. Puis, il l'avait, de sa propre autorité, sans s'inquiéter de ce que Dieu en disait, doté de la vie éternelle.

Cet animal c'était le tarantatello.

Vous ne connaissez pas le tarantatello, n'est ce pas? ni moi non plus; mais Nodier le connaissait, lui, Nodier le savait par cœur. Il vous racontait les mœurs, les habitudes, les caprices du tarantatello. Il vous eût raconté ses amours si, du moment où il s'était aperçu que le tarantatello portait en lui le principe de la vie éternelle, il ne l'eût condamné au célibat, la reproduction étant inutile là où existe la résurrection.

Comment Nodier avait-il découvert le tarantatello?

Je vais vous le dire:

A dix-huit ans, Nodier s'occupait d'entomologie. La vie de Nodier s'est divisée en six phases différentes :

D'abord il fit de l'histoire naturelle : la *bibliothèque entomologique.*

Puis de la linguistique : le *Dictionnaire des Onomatopées.*

Puis de la politique : la *Napoléone.*

Puis de la philosophie religieuse : les *Méditations du Cloître ;*

Puis des poésies : Les *Essais d'un jeune Barde ;*

Puis du roman : *Jean Sbogar ; Smarra ;*

Trilby ; *le peintre de Salzbourg* ; *Mademoiselle de Marsan* ; *Adèle* ; *le Vampire* ; *le Songe d'or* ; *les Souvenirs de Jeunesse* ; *le Roi de Bohême et ses sept Châteaux* ; *les Fantaisies du Docteur Néophobus*, et mille choses charmantes encore que vous connaissez, que je connais et dont le nom ne se retrouve pas sous ma plume.

Nodier en était donc à la première phase de ses travaux ; Nodier s'occupait d'entomologie. Nodier demeurait au sixième, — un étage plus haut que Béranger ne loge le poète. — Il faisait des expériences au microscope sur les infiniment petits, et, bien avant Raspail, il avait découvert tout un monde d'animalcules invisibles. Un jour, après avoir soumis à l'examen l'eau, le vin, le vinaigre, le fromage, le pain, tous les objets enfin sur lesquels on fait habituellement des expériences, il prit un peu de sable mouillé dans la gouttière, et le posa dans la cage de son microscope, puis il appliqua son œil sur la lentille.

Alors il vit se mouvoir un animal étrange, ayant la forme d'un vélocipède, armé de deux roues qu'il agitait rapidement. Avait-il une rivière à traverser? ses roues lui servaient comme celles d'un bateau à vapeur; avait-il un terrain sec à franchir? ses roues lui servaient comme celles d'un cabriolet. Nodier le regarda, le détailla, le dessina, l'analysa si longtemps, qu'il se souvint tout-à-coup qu'il oubliait un rendez-vous, et qu'il se sauva, laissant là son microscope, sa pincée de sable et le tarantatello dont elle était le monde.

Quand Nodier rentra, il était tard ; il était fatigué, il se coucha, et dormit comme on dort à dix-huit ans. Ce fut donc le lendemain seulement, en ouvrant les yeux, qu'il pensa à la pincée de sable, au microscope et au tarantatello.

Hélas! pendant la nuit le sable avait

séché, et le pauvre tarantatello, qui, sans doute, avait besoin d'humidité pour vivre, était mort. Son petit cadavre était couché sur le côté, ses roues étaient immobiles. Le bateau à vapeur n'allait plus : le vélocipède était arrêté.

Mais, tout mort qu'il était, l'animal n'en était pas moins une curieuse variété des éphémères, et son cadavre méritait d'être conservé aussi bien que celui d'un mahmouth ou d'un mastodonte ; seulement il fallait prendre, on le comprend, des précautions bien autrement grandes pour manier un animal cent fois plus petit qu'un ciron, qu'il n'en faut prendre pour changer de place un animal dix fois gros comme un élépant.

Ce fut donc avec la barbe d'une plume que Nodier transporta sa pincée de sable de la cage de son microscope dans une petite boîte de carton destinée à devenir le sépulcre du tarantatello.

Il se promettait de faire voir ce cadavre au premier savant qui se hasarderait à monter ses six étages.

Il y a tant de choses auxquelles on pense à dix huit ans, qu'il est bien permis d'oublier le cadavre d'un éphémère. Nodier oublia pendant trois mois, dix mois, un an peut-être, le cadavre du tarantatello.

Puis, un jour, la boîte lui tomba sous la main. Il voulut voir quel changement un an avait produit sur son animal. Le temps était couvert, il tombait une grosse pluie d'orage. Pour mieux voir, il approcha le microscope de la fenêtre, et vida dans la cage le contenu de la petite boîte.

Le cadavre était toujours immobile et couché sur le sable ; seulement le temps, qui a tant de prise sur les colosses, semblait avoir oublié l'infiniment petit.

Nodier regardait donc son éphémère, quand tout-à-coup une goutte de pluie, chassée par le vent, tombe dans la cage du microscope et humecte la pincée de sable.

Alors, au contact de cette fraîcheur vivifiante, il semble à Nodier que son tarantatello se ranime, qu'il remue une antenne, puis l'autre ; qu'il fait tourner une de ses roues, qu'il fait tourner ses deux roues, qu'il reprend son centre de gravité, que ses mouvements se régularisent, qu'il vit enfin.

Le miracle de la résurrection vient de s'accomplir, non pas au bout de trois jours, mais au bout d'un an.

Dix fois Nodier renouvela la même

épreuve, dix fois le sable sécha, et le tarentatello mourut, dix fois le sable fut humecté et dix fois le tarantatello ressuscita.

Ce n'était pas un éphémère que **Nodier** avait découvert, c'était un immortel. Selon toute probabilité, son tarantatello avait vu le déluge, et devait assister au jugement dernier.

Malheureusement, un jour que Nodier, pour la vingtième fois peut-être, s'apprêtait à renouveler son expérience, un coup de vent emporta le sable séché, et, avec le sable, le cadavre du phénoménal tarantatello.

Nodier reprit bien des pincées de sable mouillé sur sa gouttière et ailleurs, mais ce fut inutilement, jamais il ne retrouva l'équivalent de ce qu'il avait perdu : le tarantatello était le seul de son espèce, et, perdu pour tous les hommes, il ne vivait plus que dans les souvenirs de Nodier.

Mais aussi la vivait-il de manière à ne jamais s'en effacer.

Nous avons parlé des défauts de Nodier ; son défaut dominant, aux yeux de madame Nodier, du moins, c'était sa bibliomanie ; ce défaut, qui faisait le bonheur de Nodier, faisait le désespoir de sa femme.

C'est que tout l'argent que Nodier gagnait, passait en livres ; combien de fois Nodier, sorti pour aller chercher 2 ou 500 francs, absolument nécessaires à la maison, rentra-t-il avec un volume rare, avec un exemplaire unique !

L'argent était resté chez Techener ou Guillemot.

Madame Nodier voulait gronder, mais Nodier, tirait son volume de sa poche, il l'ouvrait, le fermait, le caressait, montrait à sa femme une faute d'impression qui faisait l'authenticité du livre.

Et cela tout en disant :

— Songe donc, ma bonne amie, que je retrouverai 500 francs, tandis qu'un pareil livre, hum ! un pareil livre est introuvable ; demande plutôt à Pixérécourt.

Pixérécourt, c'était la grande admiration de Nodier, qui a toujours adoré le mélodrame, Nodier appelait Pixérécourt le Corneille des boulevards.

Presque tous les matins Pixérécourt venait rendre visite à Nodier.

Le matin, chez Nodier, était consacré aux visites des bibliophiles. C'était là que se réunissaient le marquis de Ganay, le marquis de Château-Giron, le marquis de Chalabre, le comte de Labédoyère, Bérard, l'homme des Elzevirs, qui dans ses moments perdus, refit la Charte de 1830; le bibliophile Jacob, le savant Wess de Besançon, l'universel Peignot de Dijon; enfin les savants étrangers, qui, aussitôt leur arrivée à Paris, se faisaient présenter ou se présentaient seuls à ce cénacle dont la réputation était européenne.

Là on consultait Nodier, l'oracle de la

réunion ; là on lui montrait des livres : là on lui demandait des notes : c'était sa distraction favorite. Quant aux savants de l'Institut, ils ne venaient guères à ces réunions ; ils voyaient Nodier avec jalousie. Nodier associait l'esprit et la poésie à l'érudition, et c'était un tort que l'Académie des sciences ne pardonne pas plus que l'Académie française.

Puis Nodier raillait souvent, Nodier mordait quelquefois. Un jour il avait fait *le Roi de Bohême et ses sept châteaux* ; cette fois là, il avait emporté la pièce. On crut Nodier à tout jamais brouillé avec l'Institut. Pas du tout : l'Académie de Tombouctou fit entrer Nodier à l'Académie française.

On se doit quelque chose entre sœurs.

Après deux ou trois heures d'un travai toujours facile ; après avoir couvert dix ou douze pages de papier de six pouces de haut sur quatre de large, à peu près, d'une écriture lisible, régulière, sans rature aucune, Nodier sortait.

Une fois sorti, Nodier rôdait à l'aventure, suivant néanmoins presque toujours la ligne des quais, mais passant et repassant la rivière, selon la situation topographique des étalagistes ; puis des étalagistes il entrait dans les boutiques de libraires, et des boutiques de libraires dans les magasins de relieurs.

C'est que Nodier se connaissait non-seulement en livres, mais en couvertures. Les chefs-d'œuvre de Gascon sous Louis XIII, de Desseuil sous Louis XIV, de Pasdeloup sous Louis XV et de Derome sous Louis XV et Louis XVI, lui étaient si familiers, que, les yeux fermés, au simple toucher, il les reconnaissait. C'était Nodier qui avait fait revivre la reliure, qui sous la révolution et l'empire, cessa d'être un art ; c'est lui qui encouragea, qui dirigea les restaurateurs de cet art, les Touvenin, les Bradel, les Niedée, les Bozonnet et les Legrand. Touvenin, mourant de la poitrine, se levait de son lit d'agonie pour jeter un dernier coup-d'œil aux reliures qu'il faisait pour Nodier.

La course de Nodier aboutissait presque toujours chez Crozet ou Techener, ces deux beaux-frères désunis par la rivalité, et entre lesquels son placide génie venait s'interposer. Là, il y avait réunion de bibliophiles ; là, on s'assemblait pour parler livres, éditions, ventes ; là, on faisait des échanges ; puis, dès que Nodier paraissait, c'était un cri ; mais, dès qu'il ouvrait la bouche, silence absolu. Alors, Nodier narrait, Nodier paradoxait, *de omni re scibili et quibusdam aliis.*

Le soir, après le dîner de famille, Nodier travaillait d'ordinaire dans la salle à manger entre trois bougies posées en triangle, jamais plus, jamais moins ; nous avons dit sur quel papier et de quelle écriture, toujours avec des plumes d'oie ; Nodier avait horreur des plumes de fer, comme, en général, de toutes les inventions nouvelles ; le gaz le mettait en fureur, la vapeur l'exaspérait, il voyait la fin du monde infaillible et prochaine dans la destruction des forêts et dans l'épuisement des mines de houille. C'est dans ces fureurs contre le progrès de la civilisation que Nodier était resplendissant de verve et foudroyant d'entrain.

Vers neuf heures et demie du soir, Nodier sortait; cette fois, ce n'était plus la ligne des quais qu'il suivait, c'était celle des boulevards; il entrait à la Porte-Saint-Martin, à l'Ambigu ou aux Funambules, au Funambules de préférence. C'est Nodier qui a divinisé Debureau, pour Nodier, il n'y avait que trois acteurs au monde : Debureau, Potier et Talma;

Potier et Talma étaient morts, mais Deburau restait, et consolait Nodier de la perte des deux autres.

Nodier avait vu cent fois *le Bœuf enragé*.

Tous les dimanches, Nodier déjeûnait chez Pixérécourt : là, il retrouvait ses visiteurs : le bibliophile Jacob, roi tant que Nodier n'était pas là, vice-roi quand Nodier paraissait. Le marquis de Ganay, le marquis de Chalabre.

Le marquis de Ganay, esprit changeant, amateur capricieux, amoureux d'un livre comme un roué du temps de la régence était amoureux d'une femme pour l'avoir : puis, quand il l'avait, fidèle un mois, non pas fidèle, enthousiaste, le portant sur lui, et arrêtant ses amis pour le leur montrer; le mettant sous son oreiller le soir, et se réveillant la nuit, rallumant sa bougie pour le regarder, mais ne le lisant jamais, toujours jaloux des livres de Pixérécourt, que Pixérécourt refusait de lui vendre à quelque prix que ce fût, se vengeant de son refus en achetant à la vente de madame de Castellane, un autographe que Pixérécourt ambitionnait depuis dix ans.

— N'importe, disait Pixérécourt furieux, je l'aurai.

— Quoi? demandait le marquis de Ganay.

— Votre autographe.

— Et quand cela ?

— A votre mort, parbleu !

Et Pixérécourt tenait parole. A la mort du marquis de Ganay, il achetait l'autographe.

Quant au marquis de Chalabre, il n'ambitionnait qu'une chose : c'était une

Bible que personne n'eût, mais aussi il l'ambitionnait ardemment.

Il tourmenta tant Nodier, pour que Nodier lui indiquât un exemplaire unique, que Nodier finit par faire mieux encore que ne désirait le marquis de Chalabre, il lui indiqua un exemplaire qui n'existait pas.

Aussitôt, le marquis de Chalabre se mit à la recherche de cet exemplaire.

Jamais Cristophe Colomb ne mit plus d'acharnement à découvrir l'Amérique. Jamais Vasco de Gama ne mit plus de persistance à retrouver l'Inde que le marquis de Chalabre à poursuivre sa

Bible. Mais l'Amérique existait entre le 70º degré de latitude nord et les 53º et 54º de latitude sud. Mais l'Inde gisait véritablement en deçà et au-delà du Gange, tandis que la Bible du marquis de Chalabre n'était située sous aucune latitude, ni ne gisait ni en deçà, ni au-delà de la Seine. Il en résulta que Vasco de Gama retrouva l'Inde, que Christophe Colomb découvrit l'Amérique, mais que le marquis eût beau chercher, du nord au sud, de l'orient à l'occident, il ne trouva pas sa Bible.

Plus la Bible était introuvable, plus le marquis de Chalabre mettait d'ardeur à la trouver.

Il en avait offert 500 francs ; il en avait offert 1,000 francs ; il en avait offert 2,000, 4,000, 10,000 francs. Tous les bibliographes étaient sans dessus dessous à l'endroit de cette malheureuse Bible. On écrivit en Allemagne et en Angleterre. Néant. Sur une note du marquis de Chalabre, on ne se serait pas donné tant de peine, et on eût simplement répondu : *Elle n'existe pas.* Mais, sur une note de Nodier, c'était autre chose. Si Nodier avait dit : la Bible existe, incontestablement la Bible existait. Le pape pouvait se tromper ; mais Nodier était infaillible.

Les recherches durèrent trois ans. Tous les dimanches le marquis de Chalabre, en déjeûnant avec Nodier chez Pixérécourt, lui disait :

— Eh bien ! cette Bible, mon cher Charles ?

— Eh bien !

— Introuvable ?

— *Quære et invenies*, répondait Nodier.

Et, plein d'une nouvelle ardeur, le bibliomane se remettait à chercher, mais ne trouvait pas.

Enfin on appporta au marquis de Chalabre une Bible.

Ce n'était pas la Bible indiquée par Nodier ; mais il n'y avait que la différence d'un an dans la date ; elle n'était pas imprimée à Kehl, mais elle était imprimée à Strasbourg ; il n'y avait que la distance d'une lieue ; elle n'était pas unique, il est vrai ; mais le second exemplaire, le seul qui existât, était dans le Liban au fond d'un monastère druse. Le marquis de Chalabre porta la Bible à Nodier et lui demanda son avis :

— Dam ! répondit Nodier qui voyait le marquis prêt à devenir fou s'il n'avait pas une Bible, prenez celle-là, mon cher ami, puisqu'il est impossible de trouver l'autre.

Le marquis de Chalabre acheta la Bible moyennant la somme de deux mille francs, la fit relier d'une façon splendide et la mit dans une cassette particulière.

Quand il mourut, le marquis de Chalabre laissa sa bibliothèque à mademoiselle Mars. Mademoiselle Mars, qui n'était rien moins que bibliomane, pria Merlin de classer les livres du défunt et d'en faire la vente. Merlin, le plus honnête homme de la terre, entre un jour chez mademoiselle Mars avec trente ou quarante mille francs de billets de banque à la main.

Il les avait trouvés dans une espèce de portefeuille pratiqué dans la magnifique reliure de cette bible presque unique.

— Pourquoi, demandais-je à Nodier, avez-vous fait cette plaisanterie au pauvre marquis de Chalabre, vous si peu mystificateur?

— Parce qu'il se ruinait, mon ami, et que pendant les trois ans qu'il a cherché sa bible, il n'a pas pensé à autre chose; au bout de ces trois ans il a dépensé deux mille francs; pendant ces trois ans là il en eût dépensé cinquante mille.

Maintenant que nous avons montré notre bien-aimé Charles pendant la semaine et le dimanche matin, disons ce qu'il était le dimanche depuis six heures du soir jusqu'à minuit.

III

L'Arsenal (suite).

Comment avais-je connu Nodier?

Comme on connaissait Nodier. Il m'avait rendu un service, — c'était en 1827, — je venais d'achever *Christine*; je ne connaissais personne dans les ministères, personne au théâtre; mon administration, au lieu de m'être une aide pour arriver à la Comédie-Française, m'était un empêchement. J'avais écrit, depuis deux ou trois jours, ce dernier vers qui a été si fort sifflé et si fort applaudi :

Eh bien !... j'en ai pitié, mon père, qu'on l'achève !

En dessous de ce vers, j'avais écrit le mot FIN : il ne me restait plus rien à faire que de lire ma pièce à MM. les comédiens du roi et à être reçu ou refusé par eux.

Malheureusement, à cette époque, le gouvernement de la Comédie-Française était, comme le gouvernement de Venise, — républicain, mais aristocratique, et n'arrivait pas qui voulait près des sérénissimes seigneurs du comité.

Il y avait bien un examinateur chargé de lire les ouvrages des jeunes gens qui n'avaient encore rien fait, et qui, par conséquent, n'avaient droit à une lecture qu'après examen ; mais il existait dans les traditions dramatiques de si lugubres histoires de manuscrits attendant leur tour de lecture pendant un ou deux ans, et même trois ans, que moi, familier du Dante et de Milton, je n'osais point affronter ces limbes, tremblant que ma pauvre *Christine* n'allât augmenter tout simplement le nombre de

Questi sciaurati, che mai non fur vivi.

J'avais entendu parler de Nodier, comme protecteur né de tout poète à naître. Je lui demandai un mot d'introduction près du baron Taylor. Il me l'envoya; huit jours après j'avais lecture au Théâtre-Français, et j'étais à peu près reçu.

Je dis à peu près, parce qu'il y avait dans *Christine*, relativement au temps où nous vivions, c'est-à-dire à l'an de grâce 1827, de telles énormités littéraires, que MM. les comédiens ordinaires du roi n'osèrent me recevoir d'emblée et subordonnèrent leur opinion à celle de M. Picard, auteur de *la Petite Ville*.

M. Picard était un des oracles du temps.

Firmin me conduisit chez M. Picard. M. Picard me reçut dans une bibliothèque garnie de toutes les éditions de ses œuvres et ornée de son buste. Il prit mon manuscrit, me donna rendez-vous à huit jours et nous congédia.

Au bout de huit jours, heure pour heure, je me présentai à la porte de

M. Picard. M. Picard m'attendait évidemment : il me reçut avec le sourire de Rigobert dans *Maison à vendre*.

— Monsieur, me dit-il en me tendant mon manuscrit proprement roulé, avez-vous quelques moyens d'existence ?

Le début n'était pas encourageant.

— Oui, Monsieur, répondis-je ; j'ai une petite place chez M. le duc d'Orléans.

—Eh bien! mon enfant, fit-il en me mettant affectueusement mon manteau entre les deux mains et me prenant les mains du même coup, allez à votre bureau.

Et enchanté d'avoir fait un mot, il se frotta les mains en m'indiquant du geste que l'audience était terminée.

Je n'en devais pas moins un remercîment à Nodier. Je me présentai à l'Arsenal. Nodier me reçut, comme il recevait, avec un sourire aussi... Mais il y a sourire et sourire, comme dit Molière.

Peut-être oublierai-je un jour le sourire de Picard, mais je n'oublierai jamais celui de Nodier.

Je voulus prouver à Nodier que je n'étais pas tout-à-fait aussi indigne de sa protection qu'il eût pu le croire, d'après la réponse que Picard m'avait faite. Je lui laissai mon manuscrit. Le lendemain je reçus une lettre charmante qui me rendait tout mon courage et qui m'invitait aux soirées de l'Arsenal.

Ces soirées de Arsenal, c'était quelque chose de charmant, quelque chose qu'aucune plume ne rendra jamais. Elles avaient lieu le dimanche et commençaient en réalité à six heures.

A six heures, la table était mise. Il y avait les dîneurs de fondation : Cailleux, Taylor, Francis Wey, que Nodier aimait comme un fils ; puis, par hasard, un ou deux invités, — puis qui voulait.

Une fois admis à cette charmante intimité de la maison, on allait dîner chez Nodier à son plaisir. Il y avait toujours deux ou trois couverts attendant les convives de hasard. Si ces trois couverts étaient insuffisants, on en ajoutait un quatrième, un cinquième, un sixième. S'il fallait allonger la table, on l'allongeait. Mais malheur à celui qui arrivait le treizième. Celui-là dînait impitoyablement à une petite table, à moins qu'un quatorzième ne vînt le relever de sa pénitence.

Nodier avait ses manies; il préférait le pain bis au pain blanc, l'étain à l'argenterie, la chandelle à la bougie.

Personne n'y faisait attention que madame Nodier qui le servait à sa guise.

Au bout d'une année ou deux, j'étais un de ces intimes dont je parlais tout-à-l'heure. Je pouvais arriver, sans prévenir, à l'heure du dîner; on me recevait avec des cris qui ne me laissaient pas de doute sur ma bienvenue, et l'on me mettait à table, ou plutôt je me mettais à table entre madame Nodier et Marie.

Au bout d'un certain temps, ce qui n'était qu'un point de fait devint un point de droit. Arrivais-je trop tard, était-on à table, ma place était-elle prise? on faisait un signe d'excuse au convive usurpateur, ma place m'était rendue, et, ma foi! se mettait où il pouvait, celui que j'avais déplacé.

Nodier alors prétendait que j'étais une bonne fortune pour lui, en ce que je le dispensais de causer. Mais si j'étais une bonne fortune pour lui, j'étais une mauvaise fortune pour les autres. Nodier était le plus charmant causeur qu'il y eût au monde. On avait beau faire à ma conversation tout ce qu'on a fait à un feu pour qu'il flambe, l'éveiller, l'attiser, y jeter cette limaille qui fait jaillir les étincelles de l'esprit comme celles de la forge; c'était de la verve, c'était de l'entrain, c'était de la jeunesse; mais ce n'était point cette bonhomie, ce charme inexprimable, cette grâce infinie, où, comme dans un filet tendu, l'oiseleur prend tout, grands et petits oiseaux. Ce n'était pas Nodier.

C'était un pis-aller dont on se contentait, voilà tout.

Mais parfois je boudais, parfois je ne voulais pas parler, et, à mon refus de parler, il fallait bien, comme il était chez lui, que Nodier parlât; alors tout le monde écoutait, petits enfants et grandes personnes. C'était à la fois Walter Scott et Perrault, c'était le savant aux prises avec le poète, c'était la mémoire en lutte avec l'imagination. Non-seulement alors, Nodier était amusant à entendre, mais encore Nodier était charmant à voir. Son long corps efflanqué, ses longs bras maigres, ses longues mains pâles, son long visage plein d'une mélancolique bonté, tout cela s'harmoniait avec sa parole un peu traînante, que modulait sur certains tons ramenés périodiquement un accent franc-comtois que Nodier n'a jamais entièrement perdu. Oh! alors le récit était chose inépuisable, toujours nouvelle, jamais répétée. Le temps, l'espace, l'histoire, la nature étaient pour Nodier cette bourse de Fortunatus d'où

Pierre Schlemill tirait ses mains toujours pleines. Il avait connu tout le monde, Danton, Charlotte Corday, Gustave III, Cagliostro, Pie VI, Catherine II, le grand Frédéric, que sais-je? comme le comte de Saint-Germain et le taratantaleo, et non pas taratantello, comme nous a fait dire notre prote (1); il avait assisté à la création du monde, et traversé les siècles en se transformant. Il avait même

---

(1) Puisque nous sommes en train de dénoncer notre prote, qu'on nous permette de dénoncer en même temps notre copiste, lequel nous a fait tuer impitoyablement M. le marquis de Ganay, tandis qu'au contraire, M. le marquis de Ganay, plein de vie et de santé, a survécu à Pixérécourt, et est encore aujourd'hui un des hommes les plus spirituels et des bibliophiles les plus savants qui existent.

Voilà donc ce qu'il faut lire :

— Et Pixérécourt eût tenu sa parole, si le marquis de Ganay n'eût jugé à propos de survivre à Pixérécourt.

sur cette transformation une théorie des plus ingénieuses. Selon Nodier, les rêves n'étaient qu'un souvenir des jours écoulés dans une autre planète, une réminiscence de ce qui avait été jadis. Selon Nodier, les songes les plus fantastiques correspondaient à des faits accomplis autrefois, dans Saturne, dans Vénus, ou dans Mercure : les images les plus étranges n'étaient que l'ombre des formes qui avaient imprimé leurs souvenirs dans notre âme immortelle. En visitant pour la première fois le Musée fossile du Jardin-des-Plantes, il s'est écrié, retrouvant des animaux qu'il avait vus dans le déluge de Deucalion et de Pyrrha, et parfois il lui échappait d'avouer que, voyant la tendance des Templiers à la possession universelle, il avait donné à Jacques Molay le conseil de maîtriser son ambition. Ce n'était pas sa faute si Jésus-Christ avait été crucifié; seul parmi ses auditeurs, il l'avait prévenu des mauvaises intentions de Pilate à son égard. C'était surtout le Juif errant que Nodier avait eu l'occasion de rencontrer : la première fois à Rome, du temps de Grégoire VII; la seconde fois à Paris, la veille de la Saint-Barthélemy, et la dernière fois à Vienne en Dauphiné, et sur lequel il avait les documents les plus précieux. Et à ce propos il relevait une

erreur dans laquelle étaient tombés les
savants et les poètes, et particulièrement
Edgar Quinet : ce n'était pas Ahasvérus,
qui est un nom moitié grec moitié la-
tin, que s'appelait l'homme aux cinq
sous, c'était Isaac Laquedème : de cela
il pouvait en répondre, il tenait le ren-
seignement de sa propre bouche. Puis
de la politique, de la philosophie, de la
tradition, il passait à l'histoire naturelle.
Oh! comme dans cette science, Nodier
distançait Hérodote, Pline, Marco Polo,
Buffon et Lacépède! il avait connu des
araignées près desquelles l'araignée de
Pelisson n'était qu'une drôlesse, il avait
fréquenté des crapauds près desquels

Mathusalem n'était qu'un enfant; enfin il avait été en relation avec des caïmans près desquels la tarasque n'était qu'un lézard.

« Aussi, il tombait à Nodier de ces hasards comme il n'en tombe qu'aux hommes de génie. Un jour qu'il cherchait des lépidoptères,— c'était pendant son séjour en Styrie, pays des roches granitiques et des arbres séculaires, — il monta contre un arbre afin d'atteindre une cavité qu'il apercevait, fourra sa main dans cette cavité comme il avait l'habitude de le faire, et cela assez imprudemment, car un jour il retira d'une cavité pareille son bras enrichi d'un serpent qui s'était enroulé à l'entour; — un jour donc qu'ayant trouvé une cavité il fourrait sa main dans cette cavité, il sentit quelque chose de flasque et de gluant qui cédait à la pression de ses doigts. Il ramena vivement sa main à lui, et regarda : deux yeux brillaient d'un feu terne au fond de cette cavité. Nodier croyait au diable; aussi, en voyant ces deux yeux qui ne ressemblaient pas mal aux yeux de braise de Caron, comme dit Dante, Nodier commença par s'enfuir, puis il réfléchit, se ravisa, prit une hachette, et, mesurant la profondeur du trou, il commença de faire une ouverture à l'endroit où il présumait que devait se trouver ce objet inconnu. Au cinquième ou sixième coup de hache qu'il frappa, le sang coula de l'arbre, ni plus ni moins que, sous l'épée de Tancrède, le sang coula de la forêt enchantée du Tasse. Mais ce ne fut pas une belle guerrière qui lui apparut, ce fut un énorme crapaud encastré dans l'arbre où, sans doute, il avait été emporté par le vent, quand il était de la taille d'une abeille. Depuis combien de temps était-il là ? Depuis deux cents ans, trois cents ans, cinq cents ans peut-être. Il avait cinq pouces de long sur trois de large.

Une autre fois, c'était en Normandie.

du temps où il faisait avec Taylor le voyage pittoresque de la France, il entra dans une église; à la voûte de cette église étaient suspendus une gigantesque araignée et un énorme crapaud. Il s'adressa à un paysan pour demander des renseignements sur ce singulier couple.

Et voilà ce que le vieux paysan lui raconta après l'avoir mené près d'une des dalles de l'église, sur laquelle était sculpté un chevalier couché dans son armure.

Ce chevalier était un ancien baron, lequel avait laissé dans le pays de si méchants souvenirs, que les plus hardis se détournaient, afin de ne pas mettre le pied sur sa tombe, et cela, non point par respect, mais par terreur. Au-dessus de cette tombe, à la suite d'un vœu fait par ce chevalier à son lit de mort, une lampe devait brûler nuit et jour, une pieuse fondation ayant été faite par le mort, qui subvenait à cette dépense et bien au-delà.

Un beau jour, ou plutôt une belle nuit, pendant laquelle, par hasard, le curé ne dormait pas, il vit de la fenêtre de sa chambre qui donnait sur celle de l'église, la lampe pâlir et s'éteindre. Il attribua la chose à un accident et n'y fit pas cette nuit une grande attention.

Mais, la nuit suivante, s'étant réveillé vers les deux heures du matin, l'idée lui vint de s'assurer si la lampe brûlait. Il descendit de son lit, s'approcha de la fenêtre, et constata *de visu* que l'église était plongée dans la plus profonde obscurité.

Cet événement, reproduit deux fois en quarante-huit heures, prenait une certaine gravité. Le lendemain au point du jour, le curé fit venir le bedeau et l'accusa tout simplement d'avoir mis l'huile dans sa salade, au lieu de l'avoir mise dans la lampe. Le bedeau jura ses grands dieux qu'il n'en était rien ; que tous les soirs, depuis quinze ans qu'il avait l'honneur d'être bedeau, il remplissait consciencieusement la lampe, et qu'il fallait que ce fut un tour de ce méchant chevalier qui, après avoir tourmenté les vivants pendant sa vie, recommençait à les tourmenter trois cents ans après sa mort.

Le curé déclara qu'il se fiait parfaitement à la parole du bedeau, mais qu'il n'en désirait pas moins assister le soir au remplissage de la lampe ; en conséquence, à la nuit tombante, en présence du curé, l'huile fut introduite dans le récipient, et la lampe allumée : la lampe allumée, le curé ferma lui-même la porte de l'église, mit la clé dans sa poche, et se retira chez lui.

Puis il prit son bréviaire, s'accommoda près de sa fenêtre dans un grand fauteuil, et les yeux alternativement fixés sur le livre et sur l'église, il attendit.

Vers minuit, il vit la lumière qui illuminait les vitraux diminuer, pâlir et s'éteindre.

Cette fois, il y avait une cause étrangère, mystérieuse, inexplicable, à laquelle le pauvre bedeau ne pouvait avoir aucune part.

Un instant, le curé pensa que des voleurs s'introduisaient dans l'église et volaient l'huile. Mais en supposant le méfait commis par des voleurs, c'étaient des gaillards bien honnêtes de se borner à voler l'huile, quand ils épargnaient les vases sacrés.

Ce n'étaient donc pas des voleurs : c'était donc une autre cause qu'aucune de celles qu'on pouvait imaginer, une cause surnaturelle peut-être. Le curé résolut de reconnaître cette cause quelle qu'elle fût.

Le lendemain soir il versa lui-même

l'huile pour bien se convaincre qu'il n'était pas dupe d'un tour de passe-passe; puis, au lieu de sortir, comme il l'avait fait la veille, il se cacha dans un confessional.

Les heures s'écoulèrent, la lampe éclairait d'une lueur calme et égale : Minuit sonna...

Le curé crut entendre un léger bruit, pareil à celui d'une pierre qui se déplace puis il vit comme l'ombre d'un animal avec des pattes gigantesques, laquelle ombre monta contre un pilier, courut le long d'une corniche, apparut un instant à la voûte, descendit le long de la corde, et fit une station sur la lampe, qui commença de pâlir, vacilla et s'éteignit.

Le curé se trouva dans l'obscurité la plus complète. Il comprit que c'était une expérience à renouveler, en se rapprochant du lieu où se passait la scène.

Rien de plus facile : au lieu de se mettre dans le confessional qui était dans le côté de l'église opposé à la lampe, il n'avait qu'à se cacher dans le confessional qui était placé à quelques pas d'elle seulement.

Tout fut donc fait le lendemain comme

la veille ; seulement le curé changea de confessional et se munit d'une lanterne sourde.

Jusqu'à minuit, même calme, même silence, même honnêteté de la lampe à remplir ses fonctions. Mais aussi, au dernier coup de minuit, même craquement que la veille. Seulement, comme le craquement se produisait à quatre pas du confessionnal, les yeux du curé purent immédiatement se fixer sur l'emplacement d'où venait le bruit.

C'était la tombe du chevalier qui craquait.

Puis la dalle sculptée qui recouvrait le

sépulcre se souleva lentement, et, par l'entrebâillement du tombeau, le curé vit sortir une araignée de la taille d'un barbet, avec un poil long de six pouces, des pattes longues d'une aune, laquelle se mit incontinent, sans hésitation, sans chercher un chemin qu'on voyait lui être familier, à gravir le pilier, à courir sur sa corniche, à descendre le long de la corde et, arrivée là, à boire l'huile de la lampe, qui s'éteignit.

Mais alors, le curé eut recours à sa lanterne sourde, dont il dirigea les rayons vers la tombe du chevalier.

Alors il s'apperçut que l'objet qui la tenait entr'ouverte était un crapaud gros comme une tortue de mer, lequel en s'enflnat, soulevait la pierre et donnait passage à l'araignée, qui allait incontinent pomper l'huile qu'elle revenait partager avec son compagnon.

Tout deux vivaient ainsi depuis des siècles dans cette tombe où ils habiteraient probablement encore aujourd'hui un accident n'eût révélé au curé la présence d'un voleur quelconque dans son église.

Le lendemain le curé avait requis main-forte, on avait soulevé la pierre du tombeau, et l'on avait mis à mort l'in-

insecte et le reptile, dont les cadavres étaient suspendus au plafond et faisaient foi de cet étrange évènement.

D'ailleurs le paysan qui racontait la chose à Nodier, était un de ceux qui avaient été appelés par le curé pour combattre ces deux commensaux de la tombe du chevalier, et, comme lui, s'était acharné particulièrement au crapaud. Une goutte de sang de l'immonde animal, qui avait jailli sur sa paupière, avait failli le rendre aveugle comme Tobie.

Il en était quitte pour être borgne.

l'Arsenal (suite).

Pour Nodier, les histoires de crapaud ne se bornaient pas là : il y avait quelque chose de mystérieux dans la longévité de cet animal, qui plaisait à l'imagination de Nodier. Aussi, toutes les histoires de crapauds centenaires ou millenaires les savait-il ; tous les crapauds découverts dans des pierres ou dans des troncs d'arbres, depuis le crapaud trouvé en 1756 par le sculpteur Leprince, à Eretteville, au milieu d'une pierre dure où il était encastré, jusqu'au crapaud enfermé par Hérissant en 1774, dans une case de plâtre, et qu'il retrouva parfaitement vivant en 1774, étaient-ils de sa compétence. Quand on demandait à Nodier de quoi vivaient les malheureux prisonniers : — ils avalent leur peau, répondait-il. Il avait étudié un crapaud petit-maître qui avait fait six fois peau neuve dans un hiver, et qui six fois avait avalé la vieille. Quant à ceux qui étaient dans des pierres de formation primitive depuis la création du monde, comme le crapaud que l'on trouva dans la carrière de Bourswick, en Gothie, l'inaction totale dans laquelle ils avaient été obligés de demeurer, la suspension de la vie dans une températature qui ne permettait aucune dissolution, et qui ne rendait nécessaire la réparation d'aucune perte, l'humidité du lieu, qui entretenait celle de l'animal, et qui empêchait sa destruction par le dessèchement, tout cela paraissait à Nodier des raisons suffisantes à une conviction dans laquelle il y avait autant de foi que de science.

D'ailleurs Nodier avait, nous l'avons dit, une certaine humilité naturelle ; une certaine pente à se faire petit lui-même, qui l'entraînait vers les petits et les humbles. Nodier, bibliophile, trouvait parmi les livres des chefs-d'œuvres ignorés qu'il tirait de la tombe des bibliothèques ; Nodier philanthrope trouvait parmi les vivants des poètes inconnus, qu'il mettait au jour et qu'il conduisait à la célébrité ; toute injustice, toute oppression le révoltait, et, selon lui, on opprimait le crapaud, on était injuste envers lui, on ignorait ou l'on ne voulait pas connaître les vertus du crapaud. Le crapaud était bon ami ; Nodier l'avait déjà prouvé par l'association du crapaud et de l'araignée, et, à la rigueur, il le prouvait deux fois en racontant une autre histoire de crapaud et de lézard, non moins fantastique que la première, — le crapaud était donc, non-seulement bon ami, mais encore bon père et bon époux. En accouchant lui-même sa femme, le crapaud avait donné aux maris les premières leçons d'amour conjugal ; en enveloppant les œufs de sa famille autour de ses pattes de derrière ou en les portant sur son dos, le crapaud avait donné aux chefs de famille la première leçon de paternité ; quant à cette bave que le crapaud répand ou lance même, quand on le tourmente, Nodier assurait que c'était la plus innocente substance qu'il y eût au monde, et il la préferait à la salive de bien des critiques de sa connaissance.

Ce n'était pas que ces critiques ne fussent reçus chez lui comme les autres, et ne fussent même bien reçus ; mais, peu à peu, il se retiraient d'eux-mêmes, ils ne se sentaient point à l'aise au milieu de cette bienveillance qui était l'atmosphère naturelle de l'arsenal, et à travers laquelle ne passait la raillerie que comme passe la luciole, au milieu de ces belles nuits de Nice et de Florence. c'est-à-dire pour jeter une lueur et s'éteindre aussitôt.

On arrivait ainsi à la fin d'un dîner charmant, dans lequel tous les accidents, excepté le renversement du sel, excepté un pain posé à l'envers, étaient pris du côté philosophique; puis on servait le café à table. Nodier était Sybarite au fond, il appréciait parfaitement ce sentiment de sensualité parfaite qui ne place aucun mouvement, aucun déplacement, aucun dérangement entre le dessert et le couronnement du dessert. Pendant ce moment de délices asiatiques, madame Nodier se levait et allait faire allumer le salon. Souvent moi, qui ne prenais point de café, je l'accompagnais. Ma longue taille lui était d'une grande utilité, pour éclairer le lustre sans monter sur les chaises.

Alors, le salon s'illuminait, car avant le diner et les jours ordinaires on n'était jamais reçu que dans la chambre à coucher de madame Nodier, alors le salon s'illuminait et éclairait des lambris peints en blancs avec des moulures Louis XV, un ameublement des plus simples, se composant de douze fauteuils et d'un canapé en casimir rouge, de rideaux de croisé de même couleur, d'un buste d'Hugo, d'une statue de Henri IV, d'un portrait de Nodier et d'un paysage alpestre de Regnier.

Dans ce salon, cinq minutes après son éclairage, entraient les convives. Nodier venant le dernier, appuyé soit au bras de Dauzats, soit au bras de Bixio, soit au bras de Francis Wey, soit au mien, Nodier toujours soupirant et se plaignant comme s'il n'eût eu que le souffle ; alors il allait s'étendre dans un grand fauteuil à droite de la cheminée, les jambes allongées, les bras pendants, ou se mettre debout devant le chambranle, les mollets au feu, le dos à la glace. S'il s'étendait dans le fauteuil, tout était dit. Nodier, plongé dans cet instant de béatitude que donne le café, voulait jouir en égoïste de lui-même, et suivre silencieusement le rêve de son esprit ; s'il s'adossait au chambranle, c'était autre chose : c'est qu'il allait conter ; alors tout le monde se taisait, alors se déroulait une de ces charmantes histoires de sa jeunesse, qui semblent un roman de Longus, une idylle de Théocrite, ou quelque sombre drame de la révolution, dont un champ de bataille de la Vendée ou la place de la Révolution était toujours le théâtre ; ou enfin quelque mystérieuse conspiration de Cadoudal ou d'Oudet, de Staps ou de Lahorie ; alors ceux qui entraient faisaient silence, saluaient de la main, et allaient s'asseoir dans un fauteuil ou s'adosser contre le lambris, puis l'histoire finissait comme finit toute chose. On n'applaudissait pas; pas plus qu'on n'applaudit le murmure d'une rivière, le chant d'un oiseau ; mais, le murmure éteint, mais le chant évanoui, on écoutait encore. Alors, Marie, sans rien dire, allait se mettre à son piano, et, tout-à-coup, une brillante fusée de notes s'élançaient dans les airs comme le prélude d'un feu d'artifice; alors les joueurs, relégués dans des coins, se mettaient à des tables et jouaient.

Nodier n'avait longtemps joué qu'à la bataille, c'était son jeu de prédilection, et il s'y prétendait d'une force supérieure ; enfin, il avait fait une concession au siècle et jouait à l'écarté.

Alors Marie chantait des paroles d'Hugo, de Lamartine ou de moi, mises en musique par elle ; puis, au milieu de ces charmantes mélodies, toujours trop courtes, on entendait tout-à-coup éclore la ritournelle d'une contredanse, chaque cavalier courait à sa danseuse, et un bal commençait.

Bal charmant dont Marie faisait tous les frais, jetant au milieu de trilles rapides brodés par ses doigts sur les touches du piano, un mot à ceux qui s'approchaient d'elle, à chaque traversé, à chaque chaîne-des-dames, a chaque chassé-croisé. A partir de ce moment, Nodier disparaissait, complètement oublié, car lui, ce n'était pas un de ces maîtres absolus et bougons dont on sent la présence, et dont on devine l'approche. C'était l'hôte de l'antiquité, qui s'efface pour faire place à celui qu'il reçoit, et qui se contentait d'être gracieux, faible, et presque féminin.

D'ailleurs Nodier, après avoir disparu un peu, disparaissait bientôt tout-à-fait, Nodier se couchait de bonne heure, ou plutôt on couchait Nodier de bonne heure. C'était madame Nodier qui était chargée de ce soin. L'hiver, elle sortait la première du salon, puis quelquefois, quand il n'y avait pas de braise à la cuisine, on voyait une bassinoire passer, s'emplir, et entrer dans la chambre à coucher. Nodier suivait la bassinoire, et tout était dit.

Dix minutes après, Madame Nodier rentrait. Nodier était couché, et s'endormait aux mélodies de sa fille, et au bruit des piétinements et aux rires des danseurs.

Un jour nous trouvâmes Nodier bien autrement humble que de coutume. Cette fois, il était embarrassé, honteux. Nous lui demandâmes avec inquiétude ce qu'il avait.

Nodier venait d'être nommé académicien.

Il nous fit ses excuses bien humbles, à Hugo et à moi.

Mais il n'y avait pas de sa faute, l'Académie l'avait nommé au moment où il s'y attendait le moins.

C'est que Nodier, aussi savant à lui seul que tous les académiciens ensemble, démolissait pierre à pierre le dictionnaire de l'Académie ; il racontait que l'immortel chargé de faire l'article *écrevisse* lui avait un jour montré cet article, en lui demandant ce qu'il en pensait.

L'article était conçu dans ces termes :

« Écrevisse, petit poisson rouge qui marche à reculons. »

— Il n'y a qu'une erreur dans votre définition, répondit Nodier, c'est que l'écrevisse n'est pas un poisson, c'est que l'écrevisse n'est pas rouge, c'est que l'écrevisse ne marche pas à reculons... le reste est parfait.

J'oublie de dire qu'au milieu de tout cela Marie Nodier s'était mariée, était devenue madame Menessier, mais ce mariage n'avait absolument rien changé à la vie de l'Arsenal. Jules était un ami à tous : on le voyait venir depuis longtemps dans la maison : il y demeura au lieu d'y venir, voilà tout.

Je me trompe, il y eut un grand sacrifice accompli : Nodier vendit sa bibliothèque, Nodier aimait ses livres, mais il adorait Marie.

Il faut dire une chose aussi, c'est que personne ne savait faire la réputation d'un livre comme Nodier. Voulait-il vendre ou faire vendre un livre, il le glorifiait par un article : avec ce qu'il découvrait dedans, il en faisait un exemplaire unique. Je me rappelle l'histoire d'un volume intitulé le *Zombi du grand Pérou* que Nodier prétendit être imprimé aux colonies, et dont il détruisit l'édition de son autorité privée ; le livre valait 5 fr. il monta à cent écus.

Quatre fois Nodier vendit ses livres, mais il gardait toujours un certain fonds, un noyau précieux à l'aide duquel, au bout de deux ou trois ans, il avait reconstruit sa bibliothèque.

Un jour, toutes ces charmantes fêtes s'interrompirent. Depuis un mois ou deux Nodier était plus souffreteux, plus plaintif. Au reste, l'habitude qu'on avait d'entendre plaindre Nodier faisait qu'on n'attachait pas une grande attention à ses plaintes. C'est qu'avec le caractère de Nodier il était assez difficile de séparer le mal réel d'avec les souffrances chimériques. Cependant, cette fois, il s'affaiblissait visiblement. Plus de flâneries sur les quais, plus de promenades sur les boulevards, un lent acheminement seulement, quand du ciel gris filtrait un dernier rayon du soleil d'automne, un lent acheminement vers Saint-Mandé.

Le but de la promenade était un méchant cabaret, où, dans les beaux jours de sa bonne santé, Nodier se régalait de pain bis; dans ses courses, d'ordinaire, toute la famille l'accompagnait, excepté Jules retenu à son bureau. C'était madame Nodier, c'était Marie, c'étaient les deux enfants, Charles et Georgette ; tout cela ne voulait plus quitter le mari, le père et le grand père. On sentait qu'on n'avait plus que peu de temps à rester avec lui, et l'on en profitait.

Jusqu'au dernier moment Nodier insista pour la conservation du dimanche ; puis, enfin, on s'aperçut que de sa chambre le malade ne pouvait plus supporter le bruit et le mouvement qui se faisait dans le salon. Un jour Marie nous annonça tristement que, le dimanche suivant, l'Arsenal serait fermé ; puis tout bas elle dit aux intimes : Venez, nous causerons.

Nodier s'alita, enfin, pour ne plus se relever.

J'allai le voir.

— Oh ! mon cher Dumas, me dit-il, en me tendant les bras du plus loin qu'il m'aperçut, du temps où je me portais bien, vous n'aviez en moi qu'un ami ; depuis que je suis malade, vous avez en moi un homme reconnaissant. Je ne puis plus travailler, mais je puis encore lire, et, comme vous voyez, je vous lis, et, quand je suis fatigué, j'appelle ma fille, et ma fille vous lit.

Et Nodier me montra effectivement mes livres épars sur son lit et sur sa table.

Ce fut un de mes moments d'orgueil réel. Nodier isolé du monde, Nodier ne pouvant plus travailler, Nodier, cet esprit immense, qui savait tout, Nodier me lisait et s'amusait en me lisant.

Je lui pris les mains, j'eusse voulu les baiser tant j'étais reconnaissant.

A mon tour, j'avais lu la veille une chose de lui, un petit volume qui venait de paraître, en deux livraisons de *la Revue des Deux-Mondes*.

C'était *Inès de las Sierras*.

J'étais émerveillé. Ce roman, une des dernières publications de Charles, était si frais, si coloré, qu'on eût dit une œuvre de sa jeunesse que Nodier avait retrouvée et mise au jour, à l'autre horizon de sa vie.

Cette histoire d'Inès, c'était une histoire d'apparition de spectres, de fantômes ; seulement toute fantastique durant la première partie, elle cessait de l'être dans la seconde ; la fin expliquait le commencement.

Oh! de cette explication je me plaignis amèrement à Nodier.

— C'est vrai, me dit-il, j'ai eu tort; mais j'en ai une autre; celle-là je ne la gâterai pas, soyez tranquille.

— A la bonne heure, et quand vous y mettrez-vous, à cette œuvre-là?

Nodier me prit la main.

— Celle-là je ne la gâterai pas, parce que ce n'est pas moi qui l'écrirai, dit-il.

— Et qui l'écrira?

— Vous.

— Comment ! moi, mon bon Charles ? mais je ne la sais pas, votre histoire.

— Je vous la raconterai. Oh ! celle-là, je la gardais pour moi, ou plutôt pour vous.

— Mon bon Charles, vous la raconterez, vous l'écrirez, vous l'imprimerez.

Nodier secoua la tête.

— Je vais vous la dire, fit-il ; vous me la rendrez, si j'en reviens.

— Attendez à ma prochaine visite, nous avons le temps.

— Mon ami, je vous dirai ce que je disais à un créancier, quand je lui donnais un à-compte : — prenez toujours.

Et il commença.

Jamais Nodier n'avait raconté d'une façon si charmante.

Oh! si j'avais eu une plume, si j'avais eu du papier, si j'avais pu écrire aussi vite que la parole!

L'histoire était longue, je restai à dîner.

Après le dîner, Nodier s'était assoupi. Je sortis de l'Arsenal sans le revoir.

Je ne le revis plus.

Nodier, que l'on croyait si facile à la plainte, avait au contraire caché jusqu'au dernier moment ses souffrances à sa famille. Lorsqu'il découvrit la blessure, on reconnut que la blessure était mortelle.

Nodier était non-seulement chrétien, mais bon et vrai catholique. C'était à Marie qu'il avait fait promettre de lui envoyer chercher un prêtre lorsque l'heure serait venue. L'heure était venue, Marie envoya chercher le curé de Saint-Paul.

Nodier se confessa. Pauvre Nodier ! il devait y avoir bien des péchés dans sa vie, mais il n'y avait certes pas une faute.

La confession achevée, toute la famille entra.

Nodier était dans une alcôve sombre d'où il étendait les bras sur sa femme, sur sa fille et sur ses petits-enfants.

Derrière la famille étaient les domestiques.

Derrière les domestiques, la bibliothèque, c'est-à-dire ces amis qui ne changent jamais — les livres.

Le curé dit à haute voix les prières auxquelles Nodier répondit aussi à haute voix en homme familier avec la liturgie chrétienne. Puis, les prières finies, il embrassa tout le monde, rassura chacun sur son état, affirma qu'il se sentait encore de la vie pour un jour ou deux, surtout si on le laissait dormir pendant quelques heures.

On laissa Nodier seul et il dormit cinq heures.

Le 26 janvier au soir, c'est-à-dire la veille de sa mort, la fièvre augmenta et produisit un peu de délire, vers minuit il ne reconnaissait personne, sa bouche prononça des paroles sans suite, dans lesquelles on distingua les noms de Tacite et de Fénelon.

Vers deux heures, la mort commençait de frapper à la porte : Nodier fut secoué par une crise violente, sa fille était penchée sur son chevet et lui tendait une tasse pleine d'une potion calmante, il ouvrit les yeux, regarda Marie et la reconnut à ses larmes, alors il prit la tasse de ses mains et but avec avidité le breuvage qu'elle contenait.

— Tu as trouvé cela bon? demanda Marie.

— Oh, oui ! mon enfant, comme tout ce qui vient de toi.

Et la pauvre Marie laissa tomber sa tête sur le chevet du lit, couvrant de ses cheveux le front humide du mourant.

— Oh ! si tu restais ainsi, murmura Nodier, je ne mourrais jamais (1).

La mort frappait toujours.

Les extrémités commençaient à se refroidir ; mais, au fur et à mesure que la vie remontait, elle se concentrait au

(1) Francis Wey a publié sur les derniers moments de Nodier une notice pleine d'intérêt, mais écrite pour les amis, et tirée à vingt-cinq exemplaires seulement.

cerveau, et faisait à Nodier un esprit plus lucide qu'il ne l'avait jamais eu.

Alors, il bénit sa femme et ses enfants, puis il demanda le quantième du mois.

Le 27 janvier, dit madame Nodier.

— Vous n'oublierez pas cette date, n'est-ce pas, mes amis ? dit Nodier.

Puis se tournant vers la fenêtre :

— Je voudrais bien voir encore une fois le jour, fit-il avec un soupir.

Puis il s'assoupit.

Puis son souffle devint intermittent.

Puis enfin, au moment où le premier rayon du jour frappa les vitres, il rouvrit les yeux, fit des lèvres, fit du regard un signe d'adieu et expira.

Avec Nodier tout mourut à l'Arsenal, joie, vie et lumière ; ce fut un deuil qui nous prit tous ; chacun perdait une portion de lui-même en perdant Nodier.

Moi, pour mon compte, je ne sais comment dire cela, mais j'ai quelque chose de mort en moi depuis que Nodier est mort.

Ce quelque chose ne vit que lorsque je parle de Nodier.

Voilà pourquoi j'en parle si souvent.

Maintenant l'histoire qu'on va lire, c'est celle que Nodier m'a racontée.

V

La famille d'Hoffmann.

Au nombre de ces ravissantes cités qui s'éparpillent aux bords du Rhin, comme les grains d'un chapelet dont le fleuve serait le fil, il faut compter Manheim, la seconde capitale du grand duché de Bade, Manheim, la seconde résidence du grand-duc.

Aujourd'hui que les bateaux à vapeur qui montent et descendent le Rhin passent à Manheim, aujourd'hui qu'un chemin de fer conduit à Manheim, aujourd'hui que Manheim, au milieu du pétillement de la fusillade, a secoué, les cheveux épars et la robe teinte de sang, l'étendard de la rébellion contre son grand-duc, je ne sais plus ce qu'est Manheim; mais à l'époque où commence cette histoire, c'est-à-dire qu'il y a bientôt cinquante-six ans, je vais vous dire ce qu'elle était.

C'était la ville allemande par excellence, calme et politique à la fois, un peu triste, ou plutôt un peu rêveuse ; c'était la ville des romans d'Auguste Lafontaine et des poèmes de Goethe, d'Henriette Belmann et de Werther.

En effet, il ne s'agit que de jeter un coup d'œil sur Manheim, pour juger à l'instant, en voyant ses maisons honnêtement alignées, sa division en quatre quartiers, ses rues larges et belles où pointe l'herbe, sa fontaine mythologique, sa promenade ombragée d'un double rang d'acacias qui la traverse d'un bout à l'autre ; pour juger, dis-je, combien la vie serait douce et facile dans un semblable paradis, si parfois les passions amoureuses ou politiques n'y venaient mettre un pistolet à la main de Werther ou un poignard à la main de *Sand*.

Il y a surtout une place qui a un caractère tout particulier, c'est celle où s'élèvent à la fois l'église et le théâtre.

Eglise et théâtre ont dû être bâtis en même temps, probablement par le même architecte ; probablement encore vers le milieu de l'autre siècle, quand les caprices d'une favorite influaient sur l'art, à ce point que tout un côté de l'art prenait son nom, depuis l'église jusqu'à la petite maison, depuis la statue de bronze de dix coudées jusqu'à la figurine en porcelaine de Saxe.

L'église et le théâtre de Manheim sont donc dans le style Pompadour.

L'église a deux niches extérieures : dans l'une de ces deux niches est une Minerve, et dans l'autre est une Hébé.

La porte du théâtre est surmontée de deux sphinx. Ces deux sphinx représentent, l'un la Comédie, l'autre la Tragédie.

Le premier de ces deux sphinx tient sous sa patte un masque, le second un poignard. Tous deux sont coiffés en racine droite avec un chignon poudré ; ce qui ajoute merveilleusement à leur caractère égyptien.

Au reste toute la place, maisons contournées, arbres frisés, murailles festonnées, est dans le même caractère, et forme un ensemble des plus réjouissants.

Eh bien ! c'est dans une chambre située au premier étage d'une maison dont les fenêtres donnent de biais sur le portail de l'église des jésuites, que nous allons conduire nos lecteurs, en leur faisant seulement observer que nous les rajeunissons de plus d'un demi-siècle, et que nous en sommes comme millésime à l'an de grâce ou de disgrâce 1795, et comme quantième au dimanche dix du mois de mai. Tout est donc en train de fleurir : les algues au bord du fleuve, les marguerites dans la prairie, l'aubépine dans les haies, la rose dans les jardins, l'amour dans les cœurs.

Maintenant, ajoutons ceci : C'est qu'un des cœurs qui battaient le plus violemment dans la ville de Manheim et dans les environs, était celui du jeune homme qui habitait cette petite chambre dont nous venons de parler, et dont les fenétres donnaient de biais sur le portail de l'église des jésuites.

Chambre et jeune homme méritent chacun une description particulière.

La chambre, à coup sûr, était celle d'un esprit capricieux et pittoresque tout ensemble, car elle avait à la fois l'aspect d'un atelier, d'un magasin de musique et d'un cabinet de travail.

Il y avait une palette, des pinceaux et un chevalet, et sur ce chevalet une esquisse commencée.

Il y avait une guitare, une viole d'amour et un piano, et sur ce piano une sonate ouverte.

Il y avait une plume, de l'encre et du papier, et sur ce papier un commencement de ballade griffonné.

Puis, le long des murailles, des arcs, des flèches, des arbalètes du quinzième siècle, des gravures du seizième, des instruments de musique du dix-septième, des bahuts de tous les temps, des pots à boire de toutes les formes, des aiguières de toutes les espèces, enfin des colliers de verre, des éventails de plumes, des lézards empaillés, des fleurs sèches, tout un monde enfin, mais tout un monde ne valant pas vingt-cinq thalers de bon argent.

Celui qui habitait cette chambre était-il un peintre, un musicien ou un poète ? nous l'ignorons.

Mais à coup sûr, c'était un fumeur ; car, au milieu de toutes ces collections, la collection la plus complète, la plus en vue, la collection occupant la place d'honneur et s'épanouissant en soleil au-dessus d'un vieux canapé, à la portée de la main, était une collection de pipes.

Mais, quel qu'il fût, poète, musicien, peintre ou fumeur, pour le moment, il ne fumait, ni ne peignait, ni ne notait, ni ne composait.

Non, il regardait.

Il regardait, immobile, debout, appuyé contre la muraille, retenant son souffle ; il regardait par sa fenêtre, ouverte, après s'être fait un rempart du rideau, pour voir sans être vu ; il regardait comme on regarde, quand les yeux ne sont que la lunette du cœur !

Que regardait-il ?

Un endroit parfaitement solitaire pour le moment, le portail de l'église des jésuites.

Il est vrai que ce portail était solitaire parce que l'église était pleine.

Maintenant, quel aspect avait celui qui habitait cette chambre, celui qui regardait derrière ce rideau, celui dont le cœur battait ainsi en regardant ?

C'était un jeune homme de dix-huit ans tout au plus, petit de taille, maigre de corps, sauvage d'aspect. Ses longs cheveux noirs tombaient de son front jusqu'au-dessous de ses yeux, qu'ils voilaient quand il ne les écartait pas de la main, et, à travers le voile de ses cheveux, son regard brillait fixe et fauve, comme le regard d'un homme dont les facultés mentales ne doivent pas toujours demeurer dans un parfait équilibre.

Ce jeune homme, ce n'était ni un poète, ni un peintre, ni un musicien : c'était un composé de tout cela ; c'était la peinture, la musique et la poésie réunies ; c'était un tout bizarre, fantasque, bon et mauvais, brave et timide, actif et paresseux : ce jeune homme, enfin, c'était Ernest-Théodore-Guillaume Hoffmann.

Il était né par une rigoureuse nuit d'hiver, en 1776, tandis que le vent sifflait, tandis que la neige tombait, tandis que tout ce qui n'est pas riche souffrait ;

il était né à Kœnigsberg, au fond de la
Vieille-Prusse ; né si faible, si grêle, si
pauvrement bâti, que l'exiguité de sa
personne fit croire à tout le monde qu'il
était bien plus pressant de lui comman-
der une tombe que de lui acheter un berceau ; il était né la même année où Schiller écrivant son drame des *Brigands,*
signait : SCHILLER, *esclave, de Klopstock ;*
né au milieu d'une de ces vieilles familles bourgeoises comme nous en avions
en France du temps de la Fronde, comme il y en a encore en Allemagne, mais
comme il n'y en aura bientôt plus nulle
part; né d'une mère au tempérament
maladif, mais d'une résignation profon-

de, ce qui donnait à toute sa personne
souffrante l'aspect d'une adorable mélancolie ; né d'un père à la démarche et à
l'esprit sévères, car ce père était conseiller criminel et commissaire de justice
près le tribunal supérieur provincial.
Autour de cette mère et de ce père, il y
avait des oncles juges, des oncles baillis,
des oncles bourgmestres, des tantes jeunes encore, belles encore, coquettes encore : oncles et tantes, tous musiciens,
tous artistes, tous pleins de sève, tous
allègres. Hoffmann disait les avoir vus ;
il se les rappelait exécutant autour de
lui, enfant de six, de huit, de dix ans,
des concerts étranges où chacun jouait

d'un de ces vieux instruments dont on ne sait même plus les noms aujourd'hui : tympanons, rebèques, cithares, cistres, violes d'amour, violes de gamba. Il est vrai que personne autre qu'Hoffmann n'avait jamais vu ces oncles musiciens, ces tantes musiciennes, et qu'oncles et tantes s'étaient retirés les uns après les autres comme des spectres, après avoir éteint, en se retirant, la lumière qui brûlait sur leurs pupitres.

De tous ces oncles, cependant, il en restait un. De toutes ces tantes, cependant, il en restait une.

Cette tante, c'était un des souvenirs charmants d'Hoffmann.

Dans la maison où Hoffmann avait passé sa jeunesse, vivait une sœur de sa mère, une jeune femme aux regards suaves et pénétrant au plus profond de l'âme ; une jeune femme douce, spirituelle, pleine de finesse qui, dans l'enfant que chacun tenait pour un fou, pour un maniaque, pour un enragé, voyait un esprit éminent qui plaidait seule, pour lui avec sa mère, bien entendu, qui lui prédisait le génie, la gloire; prédiction qui plus d'une fois fit venir les larmes aux yeux de la mère d'Hoffmann; car elle savait que le compagnon inséparable du génie et de la gloire, c'est le malheur.

Cette tante c'était la tante Sophie.

Cette tante était musicienne comme toute la famille, elle jouait du luth. Quand Hoffmann s'éveillait dans son berceau, il s'éveillait inondé d'une vibrante harmonie ; quand il ouvrait les yeux il voyait la forme gracieuse de la jeune femme, mariée à son instrument. Elle était ordinairement vêtue d'une robe vert-d'eau avec des nœuds roses ; elle était ordinairement accompagnée d'un vieux musicien à jambes torses et à perruque blanche qui jouait d'une basse plus grande que lui, à laquelle il se cramponnait, montant et descendant comme fait un lézard le long d'une courge, c'est à ce torrent d'harmonie tombant comme une cascade de perle des doigts de la belle Euterpe, qu'Hoffmann avait bu le philtre enchanté qui l'avait lui-même fait musicien.

Aussi la tante Sophie, avons-nous dit, était un des charmants souvenirs d'Hoffmann.

Il n'en était pas de même de son oncle.

La mort du père d'Hoffmann, la maladie de sa mère, l'avaient laissé aux mains de cet oncle.

C'était un homme aussi exact que le pauvre Hoffmann était décousu, aussi bien ordonné que le pauvre Hoffmann était bizarrement fantasque, et dont l'esprit d'ordre et d'exactitude s'était éternellement exercé sur son neveu, mais toujours aussi inutilement que s'était exercé sur ses pendules l'esprit de l'empereur Charles-Quint : l'oncle avait beau faire, l'heure sonnait à la fantaisie du neveu, jamais à la sienne.

Au fond, ce n'était point cependant,

malgré son exactitude et sa régularité, un trop grand ennemi des arts et de l'imagination, que cet oncle d'Hoffmann ; il tolérait même la musique, la poésie et la peinture ; mais il prétendait qu'un homme sensé ne devait recourir à de pareils délassements qu'après son dîner, pour faciliter la digestion. C'était sur ce thème qu'il avait réglé la vie d'Hoffmann : tant d'heures pour le sommeil, tant d'heures pour l'étude du barreau, tant d'heures pour le repas, tant de minutes pour la musique, tant de minutes pour la peinture, tant de minutes pour la poésie.

Hoffmann eût voulu retourner tout cela; lui, et dire tant de minutes pour le barreau, et tant d'heures pour la poésie, la peinture et la musique; mais Hoffmann n'était pas le maître; il en était résulté qu'Hoffmann avait pris en horreur le barreau et son oncle, et qu'un beau jour il s'était sauvé de Kœnigsberg avec quelques thalers en poche, avait gagné Heidelberg où il avait fait une halte de quelques instants, mais où il n'avait pu rester, vu la mauvaise musique que l'on faisait au théâtre.

En conséquence, de Heidelberg il avait gagné Manheim, dont le théâtre, près duquel, comme on le voit, il s'était logé, passait pour être le rival des scènes lyriques de France et d'Italie ; nous disons de France et d'Italie, parce qu'on n'oubliera point que c'est cinq ou six ans seulement avant l'époque à laquelle nous sommes arrivés, qu'avait eu lieu, à l'Académie royale de Musique, la grande lutte entre Gluck et Piccinini.

Hoffmann était donc à Manheim, où il logeait près du théâtre, et où il vivait du produit de sa peinture, de sa musique et de sa poésie, joint à quelques frédérics d'or que sa bonne mère lui faisait passer de temps en temps, au moment où, nous arrogeant le privilége du Diable boiteux, nous venons de lever le plafond de sa chambre et de le montrer à nos lecteurs debout, appuyé à la muraille, immobile derrière son rideau, haletant, les yeux fixés sur le portail de l'église des jésuites.

VI

Un amoureux et un fou.

Au moment où quelques personnes, sortant de l'église des jésuites, quoique la messe fût à peine à moitié de sa célébration, rendaient l'attention d'Hoffmann plus vive que jamais, on heurta à sa porte.

Le jeune homme secoua la tête et frappa du pied avec un mouvement d'impatience, mais ne répondit pas.

On heurta une seconde fois.

Un regard torve alla foudroyer l'indiscret à travers la porte.

On frappa une troisième fois.

Cette fois, le jeune homme demeura tout à fait immobile ; il était visiblement décidé à ne pas ouvrir.

Mais, au lieu de s'obstiner à frapper, le visiteur se contenta de prononcer un des prénoms d'Hoffmann.

— Théodore, dit-il.

— Ah ! c'est toi, Zacharias Werner, murmura Hoffmann.

— Oui, c'est moi ; tiens-tu à être seul?

— Non, attends.

Et Hoffmann alla ouvrir.

Un grand jeune homme, pâle, maigre et blond, un peu effaré, entra. Il pouvait avoir trois ou quatre ans de plus qu'Hoffmann. Au moment où la porte s'ouvrait, il lui posa la main sur l'épaule et les lèvres sur le front, comme eût pu faire un frère aîné.

C'était, en effet, un véritable frère pour Hoffman. Né dans la même maison que lui, Zacharias Werner, le futur auteur de *Martin Luther*, de *l'Attila*, du *24 février*, de *la Croix de la Baltique*, avait grandi sous la double protection de sa mère et de la mère d'Hoffmann.

Les deux femmes, atteintes toutes deux d'une affection nerveuse qui se termina par la folie, avaient transmis à leurs enfants cette maladie, qui, atténuée par la transmission, se traduisit en imagination fantastique chez Hoffmann, et en disposition mélancolique chez Zacharias. La mère de ce dernier se croyait, à l'instar de la Vierge, chargée d'une mission divine. Son enfant, son Zacharie, devait être le nouveau Christ, le futur Siloé promis par les Ecritures. Pendant qu'il dormait, elle lui tressait des couronnes de bleuets, dont elle ceignait son front ; elle s'agenouillait devant lui, chantant, de sa voix douce et harmonieuse, les plus beaux cantiques de Luther, espérant à chaque verset voir la couronne de bleuets se changer en auréole.

Les deux enfants furent élevés ensemble ; c'était surtout parce que Zacharie habitait Heidelberg, où il étudiait, que Hoffmann s'était enfui de chez son oncle, et à son tour Zacharie, rendant à Hoffmann amitié pour amitié, avait quitté Heidelberg, et était venu rejoindre Hoffmann à Manheim, quand Hoffmann était venu chercher à Manheim une meilleure musique que celle qu'il trouvait à Heidelberg.

Mais une fois réunis, une fois à Manheim, loin de l'autorité de cette mère si douce, les deux jeunes gens avaient pris appétit aux voyages, ce complément indispensable de l'éducation de l'étudiant allemand, et ils avaient résolu de visiter Paris :

Werner, à cause du spectacle étrange

que devait présenter la capitale de la France au milieu de la période de terreur où elle était parvenue ;

Hoffmann pour comparer la musique française à la musique italienne, et surtout pour étudier les ressources de l'Opéra français, comme mise en scène et décors, Hoffmann ayant dès cette époque l'idée qu'il caressa toute sa vie de se faire directeur de théâtre.

Werner, libertin par tempérament, quoique religieux par éducation, comptait bien en même temps profiter pour son plaisir de cette étrange liberté de mœurs à laquelle on était arrivé en 1793, et dont un de ses amis, revenu depuis peu d'un voyage à Paris, lui avait fait une peinture si séduisante, que cette peinture avait tourné la tête du voluptueux étudiant.

Hoffmann comptait voir les musées dont on lui avait dit forces merveilles, et, flottant encore dans sa manière, comparer la peinture italienne à la peinture allemande.

Quels que fussent d'ailleurs les motifs secrets qui poussassent les deux amis, le désir de visiter la France était égal chez tous deux.

Pour accomplir ce désir, il ne leur manquait qu'une chose, l'argent.

Mais, par une coïncidence étrange, le hasard avait voulu que Zacharie et Hoffmann eussent le même jour reçu chacun de sa mère cinq frédérics d'or.

Dix frédérics d'or faisaient à peu près deux cents livres; c'était une jolie somme pour deux étudiants qui vivaient logés, chauffés et nourris, pour cinq thalers par mois. Mais cette somme était bien insuffisante pour accomplir le fameux voyage projeté.

Il était venu une idée aux deux jeunes

gens, et, comme cette idée leur était venue à tous deux à la fois, ils l'avaient prise pour une inspiration du ciel :

C'était d'aller au jeu et de risquer chacun les cinq frédérics d'or.

Avec ces dix frédérics il n'y avait pas de voyage possible. En risquant ces dix frédérics, on pouvait gagner une somme à faire le tour du monde.

Ce qui fut dit fut fait : la saison des eaux approchait, et, depuis le 1er mai, les maisons de jeu étaient ouvertes; Werner et Hoffmann entrèrent dans une maison de jeu.

Werner tenta le premier la fortune et perdit, en cinq coups, ses cinq frédérics d'or.

Le tour d'Hoffmann était venu.

Hoffmann hasarda en tremblant son premier frédéric d'or et gagna.

Encouragé par ce début, il redoubla. Hoffmann était dans un jour de veine; il gagnait quatre coups sur cinq, et le jeune homme était de ceux qui ont confiance dans la fortune. Au lieu d'hésiter, il marcha franchement de parolis en parolis; on eût pu croire qu'un pouvoir surnaturel le secondait : sans combinaison arrêtée, sans calcul aucun, il jetait son or sur une carte, et son or se doublait, se triplait, se quintuplait. Zacharie, plus tremblant qu'un fiévreux, plus pâle qu'un spectre, Zacharie murmurait : — assez, Théodore, assez ; — mais le joueur raillait cette timidité puérile. L'or suivait l'or, et l'or engendrait l'or. Enfin, deux heures du matin sonnèrent, c'était l'heure de la fermeture de l'établissement, le jeu cessa ; les deux jeunes gens, sans compter, prirent chacun une charge d'or. Zacharie, qui ne pouvait croire que toute cette fortune était à lui, sortit le premier ; Hoffmann allait le suivre, quand un vieil officier, qui ne l'avait pas perdu de vue pendant tout le temps qu'il avait joué, l'arrêta comme il allait franchir le seuil de la porte.

— Jeune homme, dit-il en lui posant la main sur l'épaule et en le regardant fixément, si vous y allez de ce train-là, vous ferez sauter la banque, j'en conviens ; mais quand la banque aura sauté, vous n'en serez qu'une proie plus sûre pour le diable.

Et, sans attendre la réponse d'Hoffmann, il disparut. Hoffmann sortit à son tour, mais il n'était plus le même. La prédiction du vieux soldat l'avait refroidi comme un bain glacé, et cet or, dont ses poches étaient pleines, lui pesait. Il lui semblait porter son fardeau d'iniquités.

Werner l'attendait joyeux. Tous deux revinrent ensemble chez Hoffmann, l'un riant, dansant, chantant ; l'autre rêveur, presque sombre.

Celui qui riait, dansait, chantait, c'était Werner ;

Celui qui était rêveur et presque sombre, c'était Hoffmann.

Tous deux, au reste, décidèrent de partir le lendemain soir pour la France.

Ils se séparèrent en s'embrassant.

Hoffmann resté seul, compta son or.

Il avait cinq mille thalers, vingt-trois ou vingt-quatre mille francs.

Il réfléchit longtemps et sembla prendre une résolution difficile.

Pendant qu'il réfléchissait à la lueur d'une lampe de cuivre éclairant la chambre, son visage était pâle et son front ruisselait de sueur.

A chaque bruit qui se faisait autour de lui, ce bruit fût-il aussi insaisissable que le frémissement de l'aile du moucheron, Hoffmann tressaillait, se retournait et regardait autour de lui avec terreur.

La prédiction de l'officier lui revenait à l'esprit, il murmurait tout bas des vers de Faust, et il lui semblait voir sur le seuil de la porte, le rat rongeur; dans l'angle de sa chambre, le barbet noir.

Enfin son parti fut pris.

Il mit à part mille thalers qu'il regardait comme la somme grandement nécessaire pour son voyage, fit un paquet des quatre mille autres thalers ; puis, sur le paquet, colla une carte avec de la cire et écrivit sur cette carte :

A M. le bourgmestre de Kœnigsberg, pour être partagés entre les familles les plus pauvres de la ville.

Puis, content de la victoire qu'il venait de remporter sur lui-même, rafraîchi par ce qu'il venait de faire, il se déshabilla, se coucha, et dormit tout d'une pièce jusqu'au lendemain à sept heures du matin.

A sept heures il se réveilla, et son premier regard fut pour ses mille thalers visibles et ses quatre mille thalers cachetés. Il croyait avoir fait un rêve.

La vue des objets l'assura de la réalité de ce qui était arrivé la veille.

Mais ce qui était une réalité, surtout pour Hoffmann, quoi qu'aucun objet matériel ne fût là pour la lui rappeler, c'était la prédiction du vieil officier.

Aussi, sans regret aucun s'habilla-t-il comme de coutume; et prenant ses quatre mille thalers sous son bras, alla-t-il les porter lui-même à la diligence de Koenisberg, après avoir pris le soin cependant de serrer les mille thalers restant dans son tiroir.

Puis, comme il était convenu, on s'en souvient, que les deux amis partiraient le même soir pour la France,

Hoffmann se mit à faire ses préparatifs de voyage.

Tout en allant, tout en venant, tout en époussetant un habit, en pliant une chemise, en assortissant deux mouchoirs, Hoffmann jeta les yeux dans la rue et demeura dans la pose où il était.

Une jeune fille de seize à dix-sept ans, charmante, étrangère bien certainement à la ville de Manheim, puisque Hoffmann ne la connaissait pas, venait de l'extrémité opposée de la rue et s'acheminait vers l'église.

Hoffmann, dans ses rêves de poète,

de peintre et de musicien, n'avait jamais rien vu de pareil.

C'était quelque chose qui dépassait, non seulement tout ce qu'il avait vu, mais encore tout ce qu'il espérait voir.

Et cependant, à la distance où il était, il ne voyait qu'un ravissant ensemble : les détails lui échappaient.

La jeune fille était accompagnée d'une vieille servante.

Toutes deux montèrent lentement les marches de l'église des jésuites, et disparurent sous le portail.

Hoffmann laissa sa malle à moitié

faite, un habit lie-de-vin à moitié battu, sa redingote à brandebourgs à moitié pliée, et resta immobile derrière son rideau.

C'est là que nous l'avons trouvé, attendant la sortie de celle qu'il avait vue entrer.

Il ne craignait qu'une chose : c'est que ce ne fût un ange, et qu'au lieu de sortir par la porte, elle ne s'envolât par la fenêtre pour remonter aux cieux.

C'est dans cette situation que nous l'avons pris, et que son ami Zacharias Werner vint le prendre après nous.

Le nouveau venu appuya du même coup, comme nous l'avons dit, sa main sur l'épaule et ses lèvres sur le front de son ami.

Puis il poussa un énorme soupir.

Quoique Zacharias Werner fût toujours très pâle, il était cependant encore plus pâle que d'habitude.

— Qu'as-tu donc? lui demanda Hoffmann avec une inquiétude réelle.

— Oh! mon ami! s'écria Werner... Je suis un brigand! je suis un misérable! je mérite la mort... fends-moi la tête avec une hache... perce-moi le cœur avec une flèche. Je ne suis plus digne de voir la lumière du ciel.

— Bah! demanda Hoffmann avec sa placide distraction de l'homme heureux; qu'est-il donc arrivé, cher ami?

— Il est arrivé... ce qui est arrivé, n'est-ce pas... tu me demandes ce qui est arrivé?... Eh bien! mon ami, le diable m'a tenté!

— Que veux-tu dire?

— Que quand j'ai vu tout mon or ce matin, il y en avait tant, qu'il me semble que c'est un rêve.

— Comment! un rêve?

— Il y en avait une pleine table, toute couverte, continua Werner. Eh bien! quand j'ai vu cela, une véritable fortune, mille frédérics d'or, mon ami. Eh bien! quand j'ai vu cela, quand de chaque pièce j'ai vu rejaillir un rayon, la rage m'a repris, je n'ai pas pu y résister, j'ai pris le tiers de mon or et j'ai été au jeu.

— Et tu as perdu?

— Jusqu'à mon dernier kreutzer.

— Que veux-tu? c'est un petit malheur, puisqu'il te reste les deux tiers.

— Ah bien oui, les deux tiers ! Je suis revenu chercher le second tiers, et...

— Et tu l'as perdu comme le premier ?

— Plus vite, mon ami, plus vite.

— Et tu es revenu chercher ton troisième tiers ?

— Je ne suis pas revenu, j'ai volé ; j'ai pris les 1,500 thalers restant, et je les ai posés sur la rouge.

— Alors, dit Hoffmann, la noire est sortie, n'est-ce pas ?

— Ah ! mon ami, la noire, l'horrible noire, sans hésitation, sans remords, comme si en sortant elle ne m'enlevait pas mon dernier espoir. Sortie, mon ami, sortie.

— Et tu ne regrettes les milles frédérics qu'à cause du voyage ?

— Pas pour autre chose. Oh! si j'eusse seulement mis de côté de quoi aller à Paris, — cinq cents thalers !

— Tu te consolerais d'avoir perdu le reste ?

— A l'instant même.

— Eh bien ! qu'à cela ne tienne, mon cher Zacharias, dit Hoffmann ; en le conduisant vers son tiroir ; tiens, voilà les cinq cents thalers, pars.

— Comment ! que je parte ? s'écria Werner, et toi !

— Oh ! moi, je ne pars plus.

— Comment ! tu ne pars plus ?

— Non, pas dans ce moment-ci, du moins.

— Mais pourquoi ? pour quelle raison ? qui t'empêche de partir ? qui te retient à Manheim ?

Hoffmann entraîna vivement son ami

vers la fenêtre. On commençait à sortir de l'église, la messe était finie.

— Tiens, regarde, regarde, dit-il en désignant du doigt quelqu'un à l'attention de Werner.

Et en effet, la jeune fille inconnue apparaissait au haut du portail, descendant lentement les degrés de l'église, son livre de messe posé contre sa poitrine, sa tête baissée, modeste et pensive comme la Marguerite de Goëthe.

— Vois-tu, murmurait Hoffmann, vois-tu?

— Certainement que je vois

— Eh bien, que dis-tu ?

— Je dis qu'il n'y a pas de femme au monde qui vaille qu'on lui sacrifie le voyage de Paris, fût-ce la belle Antonia, fût-ce la fille du vieux Gottlieb Murr, le nouveau chef d'orchestre du théâtre de Manheim.

— Tu la connais donc ?

— Certainement.

— Tu connais donc son père ?

— Il était chef d'orchestre au théâtre de Francfort.

— Et tu peux me donner une lettre pour lui ?

— A merveille !

— Mets-toi là, Zacharias, et écris.

Zacharias se mit à la table et écrivit.

Au moment de partir pour la France, il recommandait son jeune ami Théodore Hoffmann à son vieil ami Gottlieb Murr.

Hoffmann donna à peine à Zacharias le temps d'achever sa lettre, la signature apposée, il la lui prit et, embrassant son ami, il s'élança hors de la chambre.

— C'est égal, lui cria une dernière fois Zacharias Werner, tu verras qu'il n'y a pas de femme, si jolie qu'elle soit, qui puisse te faire oublier Paris.

Hoffmann entendit les paroles de son ami, mais il ne jugea pas même à propos de se retourner pour lui répondre, même par un signe d'approbation ou d'improbation.

Quant à Zacharias Werner, il mit ses cinq cents thalers dans sa poche, et, pour n'être plus tenté par le démon du jeu, il courut aussi vite, vers l'hôtel des messageries, que Hoffmann courait vers la maison du vieux chef d'orchestre.

Hoffmann frappait à la porte de maître Gottlieb Murr, juste au même moment où Zacharias Werner montait dans la diligence de Strasbourg.

VII

Maître Gottlieb Murr.

Ce fut le chef d'orchestre qui vint ouvrir en personne à Hoffmann.

Hoffmann n'avait jamais vu maître Gottlieb, et cependant il le reconnut.

Cet homme, tout grotesque qu'il était,

ne pouvait être qu'un artiste, et même un grand artiste.

C'était un petit vieillard de cinquante-cinq à soixante ans, ayant une jambe tordue, et cependant ne boitant pas trop de cette jambe qui ressemblait à un tire-bouchon. Tout en marchant, ou plutôt tout en sautillant, et son sautillement ressemblait fort à celui d'un hochequeue, tout en sautillant et en devançant les gens qu'il introduisait chez lui, il s'arrêtait, faisait une pirouette sur sa jambe torse, ce qui lui donnait l'air d'enfoncer une vrille dans la terre, et continuait son chemin.

Tout en le suivant, Hoffmann l'examinait et gravait dans son esprit un de ces fantastiques et merveilleux portraits dont il nous a donné, dans ses œuvres, une si complète galerie.

Le visage du vieillard était enthousiaste, fin et spirituel à la fois, recouvert d'une peau parcheminée, mouchetée de rouge et de noir comme une page de plain-chant. Au milieu de cet étrange faciès brillaient deux yeux vifs dont on pouvait d'autant mieux apprécier le regard aigu, que les lunettes qu'il portait et qu'il n'abandonnait jamais, même dans son sommeil, étaient constamment relevées sur son front, ou abaissées sur le bout de son nez. C'était seulement quant il jouait du violon en redressant la tête et en regardant à distance, qu'il finissait par utiliser ce petit meuble qui paraissait être chez lui plutôt un objet de luxe que de nécessité.

Sa tête était chauve et constamment abritée sous une calotte noire, qui était devenue une partie inhérente à sa personne. — Jour et nuit maître Gottlieb apparaissait aux visiteurs avec sa calotte. Seulement lorsqu'il sortait, il se contentait de la surmonter d'une petite perruque à la Jean-Jacques. De sorte que la calotte se trouvait prise entre le crâne et la perruque. Il va sans dire que jamais maître Gottlieb ne s'inquiétait le moins du monde de la portion de velours qui apparaissait sous ses faux cheveux, lesquels ayant plus d'affinité avec le chapeau qu'avec la tête, accompagnaient le chapeau dans son excursion aérienne, toutes les fois que maître Gottlieb saluait.

Hoffmann regarda tout autour de lui, mais ne vit personne.

Il suivit donc maître Gottlieb où maître Gottlieb qui, comme nous l'avons dit, marchait devant lui, voulut le mener.

Maître Gottlieb s'arrêta dans un grand cabinet plein de partitions empilées et de feuilles de musique volante ; sur une table étaient dix ou douze boîtes plus ou moins ornées, ayant toutes cette forme à laquelle un musicien ne se trompe pas, c'est-à-dire la forme d'un étui de violon.

Pour le moment, maître Gottlieb était en train de disposer pour le théâtre de Manheim, sur lequel il voulait faire un essai de musique italienne, le *Matrimonio segreto*, de Cimarosa.

Un archet, comme la batte d'Arlequin, était passé dans sa ceinture, ou plutôt maintenu par le gousset boutonné de sa culotte, une plume se dressait fièrement derrière son oreille, et ses doigts étaient tachés d'encre.

De ces doigts tachés d'encre il prit la lettre que lui présentait Hoffmann, puis, jetant un coup-d'œil sur l'adresse, et reconnaissant l'écriture :

— Ah ! Zacharias Werner, dit-il, poète, poète celui-là, mais joueur. Puis, comme si la qualité corrigeait un peu le défaut, il ajouta : Joueur, joueur, mais poète.

Puis, décachetant la lettre :

— Parti, n'est-ce pas, parti ?

— Il part, Monsieur, en ce moment même.

— Dieu le conduise, ajouta Gottlieb en levant les yeux au ciel, comme pour recommander son ami à Dieu. Mais il a bien fait de partir. Les voyages forment la jeunesse et si je n'avais pas voyagé, je ne connaîtrais pas, moi, l'immortel Paësiello, le divin Cimarosa.

— Mais dit Hoffmann, vous n'en counaîtriez pas moins bien leurs œuvres, maître Gottlieb.

— Oui, leurs œuvres, certainement; mais qu'est-ce que connaître l'œuvre sans l'artiste? c'est connaître l'âme sans le corps; l'œuvre, c'est le spectre, c'est l'apparition; l'œuvre, c'est ce qui reste de nous après notre mort. Mais le corps, voyez-vous, c'est ce qui a vécu; vous ne comprendrez jamais entièrement l'œuvre d'un homme, si vous n'avez pas connu l'homme lui-même.

Hoffmann fit un signe de la tête.

— C'est vrai, dit-il, et je n'ai jamais

apprécié complètement Mozart qu'après avoir vu Mozart.

— Oui, oui, dit Gottlieb, Mozart a du bon ; mais pourquoi a-t-il du bon? parce qu'il a voyagé en Italie. La musique allemande, jeune homme, c'est la musique des hommes ; mais retenez bien ceci, la musique italienne, c'est la musique des Dieux.

— Ce n'est pourtant pas, reprit Hoffmann en souriant, ce n'est pourtant pas en Italie que Mozart a fait *le Mariage de Figaro* et *Don Juan*, puisqu'il a fait l'un à Vienne pour l'empereur, l'autre à Prague pour le théâtre-Italien.

— C'est vrai, jeune homme, c'est vrai, et j'aime à voir en vous cet esprit national qui vous fait défendre Mozart. Oui, certainement, si le pauvre diable eût vécu, et s'il eût fait encore un ou deux voyages en Italie, c'eût été un maître, un très grand maître. Mais ce *Don Juan*, dont vous parlez, ce *Mariage de Figaro*, dont vous parlez, sur quoi les a-t-ils faits? sur des libretti italiens, sur des paroles italiennes, sous un reflet du soleil de Bologne, de Rome ou de Naples. Croyez-moi, jeune homme, ce soleil, il faut l'avoir vu, l'avoir senti pour l'apprécier à sa valeur. Tenez, moi, j'ai quitté l'Italie depuis quatre ans; depuis quatre ans je grelotte, excepté quand je pense à l'Italie; la pensée seule de l'Italie me réchauffe; je n'ai plus besoin de manteau quand je pense à l'Italie; je n'ai plus besoin d'habit, je n'ai plus besoin de calotte même. Le souvenir me ravive : ô musique de Bologne! ô soleil de Naples! oh!..

Et la figure du vieillard exprima, un moment, une béatitude suprême, et tout son corps parut frissonner d'une jouissance infinie, comme si les torrents du soleil méridional, inondant encore sa tête, ruisselaient de son front chauve sur ses épaules, et de ses épaules sur toute sa personne.

Hoffmann se garda bien de le tirer de son extase, seulement il en profita pour regarder tout autour de lui, espérant toujours voir Antonia. Mais les portes étaient fermées et l'on n'entendait aucun bruit, derrière aucune de ces portes, qui y décélât la présence d'un être vivant.

Il lui fallut donc revenir à maître Gottlieb, dont l'extase se calmait peu à peu, et qui finit par en sortir avec une espèce de frissonnement.

— Brrrrou! jeune homme, dit-il, et vous dites donc?

Hoffmann tressaillit.

— Je dis, maître Gottlieb, que je

viens de la part de mon ami Zacharias Werner lequel m'a parlé de votre bonté pour les jeunes gens, et comme je suis musicien...

— Ah! vous êtes musicien?

— Et Gottlieb se redressa, releva la tête, la renversa en arrière et à travers ses lunettes, momentanément posées sur les derniers confins de son nez, il regarda Hoffmann.

— Oui, oui, ajouta-t-il, tête de musicien, front de musicien, œil de musicien, et qu'êtes-vous? compositeur ou instrumentiste?

— L'un et l'autre, Maître Gottlieb.

— L'un et l'autre ! dit maître Gottlieb, l'un et l'autre ! cela ne doute de rien, ces jeunes gens. Il faudrait la vie tout d'un homme, de deux hommes, de trois hommes, pour être seulement l'un ou l'autre, et ils sont l'un et l'autre.

Et il fit un tour sur lui-même, levant les bras au ciel et ayant l'air d'enfoncer dans le parquet le tire-bouchon de sa jambe droite.

Puis, après la pirouette achevée, s'arrêtant devant Hoffmann :

— Voyons, jeune présomptueux, dit-il, qu'as-tu fait en composition.

— Mais des sonates, des chants sacrés, des quintettis :

Des sonates après Sébastien Bach! des chants sacrés après Pergolèse! des quintetti après François-Joseph Haydn! Ah! jeunesse! jeunesse!

Puis, avec un sentiment de profonde pitié :

— Et comme instrumentiste, continua-t-il, comme instrumentiste? de quel instrument jouez-vous?

— De tous à peu près, depuis le rebec jusqu'au clavecin, depuis la viole d'amour jusqu'au théorbe; mais l'instrument dont je me suis particulièrement occupé, c'est du violon.

— En vérité, dit maître Gottlieb d'un air railleur, en vérité tu lui as fait cet honneur-là, au violon! c'est ma foi bien heureux pour lui, pauvre violon! Mais, malheureux, ajouta-t-il en revenant vers Hoffmann en sautillant sur une seule jambe pour aller plus vite, sais-tu ce que c'est que le violon? Le violon! et maître Gottlieb balança son corps sur cette seule jambe dont nous avons parlé, l'autre restant en

l'air comme celle d'une grue, le violon !
mais c'est le plus difficile de tous les
instruments, le violon a été inventé
par Satan lui-même pour damner l'homme, quand Satan a été au bout de ses
inventions. Avec le violon vois-tu, Satan a perdu plus d'âmes qu'avec les
sept péchés capitaux réunis. Il n'y a
que l'immortel Tartini, Tartini, mon
maître, mon héros, mon dieu, il
n'y a que lui qui ait jamais atteint la
perfection sur le violon ; mais lui seul sait
ce qu'il lui a coûté dans ce monde et dans
l'autre pour avoir joué toute une nuit
avec le violon du diable lui-même, et
pour avoir gardé son archet Oh ! le

violon! sais-tu malheureux profanateur,
que cet instrument cache sous sa simplicité presque misérable, les plus inépui-
sables trésors d'harmonie qu'il soit possible à l'homme de boire à la coupe des
dieux. As-tu étudié ce bois, ces cordes,
cet archet, ce crin, ce crin surtout;
espères-tu réunir, assembler, dompter
sous les doigts ce tout merveilleux, qui
depuis deux siècles résiste aux efforts
des plus savants, qui se plaint, qui
gémit, qui se lamente sous leurs doigts,
et qui n'a jamais chanté que sous les
doigts de l'immortel Tartini, mon maître ? Quand tu as pris un violon pour
la première fois, as-tu bien pensé à ce

que tu faisais, jeune homme? Mais tu n'es pas le premier, ajouta maître Gottlieb avec un soupir tiré du plus profond de ses entrailles, et tu ne seras pas le dernier que le violon aura perdu, violon, tentateur éternel! d'autres que toi aussi ont cru à leur vocation, et ont perdu leur vie à râcler le boyau, et tu vas augmenter le nombre de ces malheureux, déjà si nombreux, si inutiles à la société, si insupportables à leurs semblables.

Puis tout-à-coup, et sans transition aucune, saisissant un violon et un archet comme un maître d'escrime prend deux fleurets, et les présentant à Hoffmann :

— Eh bien! dit-il d'un air de défi, joue-moi quelque chose; voyons, joue, et je te dirai où tu en es, et, s'il est encore temps de te retirer du précipice, je t'en tirerai, comme j'en ai tiré le pauvre Zacharias Werner. Il en jouait aussi lui, du violon; il en jouait avec fureur, avec rage. Il rêvait des miracles, mais je lui ai ouvert l'intelligence. Il brisa son violon en morceaux, et il en fit du feu. Puis je lui mis une basse entre les mains, et cela acheva de le calmer. Là, il y avait de la place pour ses longs doigts maigres. Au commencement, il leur faisait faire dix lieues à l'heure; et maintenant, — maintenant, il joue suffisamment de la basse pour souhaiter la fête à son oncle, tandis qu'il n'eût jamais joué du violon que pour souhaiter la fête au diable. Allons, allons, jeune homme, voici un violon, montre-moi ce que tu sais faire.

Hoffmann prit le violon et l'examina.

— Oui, oui, dit maître Gottlieb, tu examines de qui il est, comme le gourmet flaire le vin qu'il va boire. Pince une corde, une seule, et si ton oreille ne te dit pas le nom de celui qui a fait le violon, tu n'es pas digne de le toucher.

Hoffmann pinça une corde qui rendit un son vibrant prolongé, frémissant.

— C'est un Antonio Stradivarius, dit-il.

— Allons, pas mal; mais de quelle époque de la vie de Stradivarius? Voyons un peu; il en a fait beaucoup de violons de 1698 à 1728.

— Ah! quant à cela, dit Hoffmann, j'avoue mon ignorance, et il me semble impossible...

— Impossible! blasphémateur; impossible: c'est comme si tu me disais, malheureux qu'il est impossible de reconnaître l'âge du vin en le goûtant. Ecoute bien : aussi vrai que nous sommes aujourd'hui le 10 mai 1793, ce violon a été fait pendant le voyage que l'immortel Antonio fit de Crémone à Mantoue en 1705, et où il laissa son atelier à son premier élève. Aussi, vois-tu, ce Stradivarius là, je suis bien aise de te le dire, n'est que de troisième ordre ; mais j'ai bien peur que ce ne soit encore trop bon pour un pauvre écolier comme toi. Va, va, va.

Hoffmann épaula le violon et, non sans un vif battement de cœur, commença des variations sur le thème de *Don Juan* :

La si Darem' la mano.

Maître Gottlieb était debout près d'Hoffmann, battant à la fois la mesure avec sa tête et avec le bout du pied de sa jambe torse. A mesure qu'Hoffmann jouait, sa figure s'animait, ses yeux brillaient, sa mâchoire supérieure mordait la lèvre inférieure, et aux deux côtés de cette lèvre aplatie, sortaient deux dents, que dans la position ordinaire elle était destinée à cacher, mais qui en ce moment se dressaient comme deux défenses de sanglier. Enfin, un allegro, dont Hoffmann triompha assez vigoureusement, lui attira de la part de maître Gottlieb un mouvement de tête qui ressemblait presque à un signe d'approbation.

Hoffmann finit par un démanché qu'il croyait des plus brillants, mais qui, loin de satisfaire le vieux musicien, lui fit faire une affreuse grimace.

Cependant sa figure se rasséréna peu à peu, et frappant sur l'épaule du jeune homme :

— Allons, allons, dit-il, c'est moins mal que je ne croyais; quand tu auras oublié tout ce que tu as appris, quand tu ne feras plus de ces bonds à la mode, quand tu ménageras ces traits sautillants et ces démanchés criards, on fera quelque chose de toi.

Cet éloge, de la part d'un homme aussi difficile que le vieux musicien, ravit Hoffmann. Puis il n'oubliait pas, tout noyé qu'il était dans l'océan musical, que maître Gottlieb était le père de la belle Antonia.

Aussi, prenant au bond les paroles qui venaient de tomber de la bouche du vieillard :

— Et qui se chargera de faire quelque chose de moi? demanda-t-il, est-ce vous, maître Gottlieb?

— Pourquoi pas, jeune homme, pourquoi pas, si tu veux écouter le vieux Murr ?

— Je vous écouterai, maître, et tant que vous voudrez.

— Oh! murmura le vieillard avec mélancolie, car son regard se rejetait dans le passé, car sa mémoire remontait les ans révolus, c'est que j'en ai bien connu, des virtuoses! j'ai connu Corelli, par tradition, c'est vrai; c'est lui qui a ouvert la route, qui a frayé le chemin; il faut jouer à la manière de Tartini ou y renoncer. Lui, le premier, il a deviné que le violon était,

sinon un Dieu, du moins le temple
d'où un Dieu pouvait sortir. Après lui
vient Pugnani, violon passable, intelligent, mais mou, trop mou, surtout
dans certains *appogiamenti*; puis Germiniani, vigoureux celui-là, mais vigoureux par boutades sans transitions;
j'ai été à Paris exprès pour le voir,
comme tu veux, toi, aller à Paris
pour voir l'Opéra : un maniaque, mon
ami, un somnambule, mon enfant,
un homme qui gesticulait en rêvant,
entendant assez bien le *tempo rubato*,
fatal *tempo rubato*, qui tue plus d'instrumentistes que la petite vérole, que
la fièvre jaune, que la peste. Alors

je lui jouai mes sonates à la manière de l'immortel Tartini, mon maître, et alors il avoua son erreur. Malheureusement, l'élève était enfoncé jusqu'au cou dans sa méthode. Il avait soixante-onze ans, le pauvre enfant ! Quarante ans plus tôt, je l'eusse sauvé, comme Giardini ; celui-là, je l'avais pris à temps ; mais, malheureusement, il était incorrigible ; le diable en personne s'était emparé de sa main gauche, et alors il allait, il allait, il allait un tel train, que sa main droite ne pouvait pas le suivre. C'étaient des extravagances, des sautillements, des démanchés à donner la danse de Saint-Guy à un Hollandais.

Aussi, un jour qu'en présence de Jomelli, il gâtait un morceau magnifique, le bon Jomelli, qui était le plus brave homme du monde, lui allongea-t-il un si rude soufflet, que Giardini en eut la joue enflée pendant un mois, Jomelli le poignet luxé pendant trois semaines. C'est comme Lulli, un fou, un véritable fou, un danseur de corde, un faiseur de sauts périlleux, un équilibriste sans balancier et auquel on devrait mettre dans la main un balancier au lieu d'un archet. Hélas ! hélas ! hélas ! s'écria douloureusement le vieillard, je le dis avec un profond désespoir, avec Nardini et avec moi s'éteindra le bel art de jouer du violon.

Cet art, avec lequel notre maître à tous, Orpheus, attirait les animaux, remuait les pierres et bâtissait les villes. Au lieu de bâtir comme le violon divin, nous démolissons comme les trompettes maudites. Si les Français entrent jamais en Allemagne, ils n'auront, pour faire tomber les murailles de Philipsbourg qu'ils ont assiégé tant de fois, ils n'auront qu'à faire exécuter, par quatre violons de ma connaissance, un concert devant ces portes.

Le vieillard reprit haleine et ajouta d'un ton plus doux :

— Je sais bien qu'il y a Viotti, un de

mes élèves, un enfant plein de bonnes dispositions, mais impatient, mais dévergondé, mais sans règle. Quant à Giarnowicki, c'est un fat et un ignorant, et la première chose que j'ai dite à ma vieille Lisbeth, c'était, si elle entendait jamais ce nom-là prononcé à ma porte, de fermer ma porte avec acharnement. Il y a trente ans que Lisbeth est avec moi, eh bien! je vous le dis, jeune homme, je chasse Lisbeth, si elle laisse entrer chez moi Giarnowicki; un Sarmate, un Welche, qui s'est permis de dire du mal du maître des maîtres, de l'immortel Tartini. Oh! à celui qui m'apportera la tête de Giarnowicki je promets des leçons et des conseils tant qu'il en voudra. Quant à toi, mon garçon, continua le vieillard en revenant à Hoffmann, quant à toi tu n'es pas fort, c'est vrai ; mais Rode et Krutzer, mes élèves, n'étaient pas plus forts que toi : Quant à toi, je disais donc qu'en venant chercher maître Gottlieb, qu'en t'adressant à maître Gottlieb, qu'en te faisant recommander à lui par un homme qui le connaît et qui l'apprécie, par le fou de Zacharias Werner, tu prouves qu'il y a dans cette poitrine-là un cœur d'artiste. Aussi maintenant, jeune homme, voyons ce n'est plus un *Antonio Stradivarius* que je veux mettre entre les mains, non, ce n'est même plus un Gramulo, ce vieux maître, que l'immortel Tartini estimait si fort, qu'il ne jouait jamais que sur des Gramulo; non, c'est sur un Antonio Amati, c'est sur l'aïeul, c'est sur l'ancêtre, c'est sur la tige première de tous les violons qui ont été faits, c'est sur l'instrument qui sera la dot de ma fille Antonia, que je veux t'entendre, c'est l'arc d'Ulysse, vois-tu, et qui pourra bander l'arc d'Ulysse est digne de Pénélope.

Et alors le vieillard ouvrit la boîte de velours toute galonnée d'or, et en tira un violon comme il semblait qu'il ne dût jamais avoir existé de violons, et comme Hoffmann seul, peut-être, se rappelait en avoir vu dans les concerts fantastiques de ses grands oncles et de ses grandes-tantes.

Puis il s'inclina sur l'instrument vénérable, et le présentant à Hoffmann :

— Prends, dit-il, et tâche de ne pas être trop indigne de lui.

Hoffmann s'inclina, prit l'instrument avec respect, et commença une vieille étude de Sébastien Bach.

— Bach, Bach, murmura Gottlieb ;

passe encore pour l'orgue, mais il n'entendait rien au violon. N'importe.

Au premier son qu'Hoffmann avait tiré de l'instrument, il avait tressailli, car lui, l'éminent musicien, il comprenait quel trésor d'harmonie on venait de mettre entre ses mains.

L'archet, semblable à un arc tant il était courbé, permettait à l'instrumentiste d'embrasser les quatre cordes à la fois, et la dernière de ces cordes s'élevait à des tons célestes si merveilleux, que jamais Hoffmann n'avait pu songer qu'un son si divin s'éveillât sous une main humaine.

Pendant ce temps, le vieillard se tenait près de lui, la tête renversée en arrière, les yeux clignotants, disant pour tout encouragement :

— Pas mal, pas mal, jeune homme ; la main droite ; la main droite, la main gauche n'est que le mouvement, la main droite c'est l'âme. Allons, de l'âme ! de l'âme, de l'âme !!!

Hoffmann sentait bien que le vieux Gottlieb avait raison et il comprenait, comme il lui avait dit à la première épreuve, qu'il fallait désapprendre tout ce qu'il avait appris ; et, par une transition insensible, mais soutenue, mais croissante, il passait du pianissimo au fortissimo, de la caresse à la menace, de l'éclair à la foudre, et il se perdait dans un torrent d'harmonie qu'il soulevait comme un nuage, et qu'il laissait retomber en cascades murmurantes, en perles liquides, en poussière humide, et il était sous l'influence d'une situation nouvelle, d'un état touchant à l'extase, quand tout-à-coup sa main gauche s'affaissa sur les cordes, l'archet mourut dans sa main, le violon glissa de sa poitrine, ses yeux devinrent fixes et ardents.

La porte venait de s'ouvrir, et dans

la glace devant laquelle il jouait, Hoffmann avait vu apparaître pareille à une ombre évoquée par une harmonie céleste, la belle Antonia, la bouche entr'ouverte, la poitrine oppressée, les yeux humides...

Hoffmann jeta un cri de plaisir, et maître Gottlieb n'eut que le temps de retenir le vénérable Antonio Amati qui s'échappait de la main du jeune instrumentiste.

VIII

Antonia.

Antonia avait paru mille fois plus belle encore à Hoffmann au moment où il lui avait vu ouvrir la porte et en franchir le seuil, qu'au moment où il lui avait vu descendre les degrés de l'église.

C'est que dans la glace où la jeune fille venait de réfléchir son image et qui était à deux pas seulement d'Hoffmann, Hoffmann avait pu détailler d'un seul coup-d'œil toutes les beautés qui lui avaient échappé à distance.

Antonia avait dix-sept ans à peine ; elle était de taille moyenne, plutôt grande que petite, mais si mince sans maigreur, si flexible sans faiblesse, que toutes les comparaisons de lys se balançant sur leur tige, de palmier se courbant au vent, eussent été insuffisantes pour peindre cette morbidezza italienne, seul mot de la langue exprimant à peu près l'idée de douce langueur qui s'éveillait à son aspect. Sa mère était, comme Juliette, une des plus belles fleurs du printemps de Vérone, et l'on retrouvait dans Antonia, non pas fondues, mais heurtées, et c'est ce qui faisait le charme de cette jeune fille, les beautés des deux races qui se disputent la palme de la beauté. Ainsi, avec la finesse de peau des femmes du Nord, elle avait la matité de peau des femmes du Midi ; ainsi ses cheveux blonds, épais et légers à la fois, flottant au moindre vent, comme une vapeur dorée, ombrageaient des yeux et des sourcils de velours noirs. Puis, chose plus singulière encore; c'était dans sa voix surtout que le mélange harmonieux des deux langues était sensible. Aussi, lorsqu'Antonia parlait allemand, la douceur de la belle langue où, comme dit Dante, résonne le *Si*, venait adoucir la rudesse de l'accent germanique, tandis qu'au contraire, quand elle parlait italien, la langue un peu trop molle de Metastase et de Goldoni prenait une fermeté que lui donnait la puissante accentuation de la langue de Schiller et de Gœthe.

Mais ce n'était pas seulement au physique que se faisait remarquer cette fusion; Antonia était au moral un type merveilleux et rare de ce que peuvent réunir de poésies opposées, le soleil de l'Italie et les brumes de l'Allemagne. On eût dit à la fois une muse et une fée, la Lorelay de la ballade et la Beatrice de la Divine Comédie.

C'est qu'Antonia, l'artiste par excellence, était fille d'une grande artiste. Sa mère, habituée à la musique italienne, s'était un jour prise corps à corps avec la musique allemande. La partition de l'*Alceste* de Gluck lui était tombée entre les mains, et elle avait obtenu de son mari, maître Gottlieb, de lui faire traduire le poème en italien, et, le poème traduit en italien, elle était venue le chanter à Vienne; mais elle avait trop présumé de ses forces, ou plutôt l'admirable cantatrice, elle ne connaissait pas la mesure de sa sensibilité : à la troisième représentation de l'opéra qui avait eu le plus grand succès, à l'admirable solo d'*Alceste* :

> Divinités du Styx, ministres de la mort,
> Je n'invoquerai pas votre pitié cruelle.
> J'enlève un tendre époux à son funeste sort,
> Mais je vous abandonne une épouse fidèle.

Quand elle atteignit le *ré*, qu'elle donna à pleine poitrine, elle pâlit, chancela, s'évanouit, un vaisseau s'était brisé dans cette poitrine si généreuse; le sucrifice aux dieux infernaux s'était accompli en réalité : la mère d'Antonia était morte.

Le pauvre maître Gottlieb dirigeait l'orchestre; de son fauteuil, il vit chanceler, pâlir, tomber celle qu'il aimait par-dessus toute chose; bien plus, il entendit se briser dans sa poitrine cette fibre à laquelle tenait sa vie, et il jeta un cri terrible qui se mêla au dernier soupir de la virtuose.

De là venait peut-être cette haine de maître Gottlieb pour les maîtres allemands; c'était le chevalier Gluck qui, bien innocemment, avait tué sa Thérésa, mais il n'en voulait pas moins au chevalier Gluck, mal de mort, pour cette douleur profonde qu'il avait ressentie, et qui ne s'était calmée qu'au fur et à mesure qu'il avait reporté sur Antonia grandissant, tout l'amour qu'il avait pour sa mère.

Maintenant, à dix-sept ans qu'elle avait, la jeune fille en était arrivée à tenir lieu de tout au vieillard; il vivait par Antonia, il respirait par Antonia. Jamais l'idée de la mort d'Antonia ne s'était présentée à son esprit; mais, si elle se fût présentée, il ne s'en serait pas fort inquiété, attendu que l'idée ne lui fut pas même venue qu'il pouvait survivre à Antonia.

Ce n'était donc pas avec un sentiment moins enthousiaste qu'Hoffmann, quoique ce sentiment fût bien autrement pur encore, qu'il avait vu apparaître Antonia sur le seuil de la porte de son cabinet.

La jeune fille s'avança lentement ; deux larmes brillaient à sa paupière : et, faisant trois pas vers Hoffmann, elle lui tendit la main.

Puis, avec un accent de chaste familiarité, et comme si elle eût connu le jeune homme depuis dix ans :

— Bonjour, frère, dit-elle.

Maître Gottlieb, du moment où sa fille avait paru, était resté muet et immobile ; son âme comme toujours, avait quitté son corps et, voltigeant autour d'elle, chantait aux oreilles d'Antonia, toutes les mélodies d'amour et de bonheur que chante l'âme d'un père à la vue de sa fille bien aimée.

Il avait donc posé son cher *Antonio Amati* sur la table, et joignant les deux mains comme il eût fait devant la Vierge, il regardait venir son enfant.

Quant à Hoffmann, il ne savait s'il

veillait ou dormait, s'il était sur la terre ou au ciel, si c'était une femme qui venait à lui, ou un ange qui lui apparaissait.

Aussi, fit-il presqu'un pas en arrière lorsqu'il vit Antonia s'approcher de lui et lui tendre la main, en l'appelant son frère.

— Vous, ma sœur! dit-il d'une voix étouffée.

— Oui, dit Antonia, ce n'est pas le sang qui fait la famille, c'est l'âme. Toutes les fleurs sont sœurs par le parfum, tous les artistes sont frères par l'art. Je ne vous ai jamais vu, c'est vrai, mais je vous connais ; votre archet vient de me raconter votre vie. Vous êtes poëte, un peu fou, pauvre ami. Hélas! c'est cette étincelle ardente que Dieu enferme dans notre tête ou dans notre poitrine, qui nous brûle le cerveau ou qui nous consume le cœur ; puis se tournant vers maître Gottlieb :

— Bonjour, père, dit-elle, pourquoi n'avez-vous pas encore embrassé votre Antonia? Ah! voilà, je comprends, *Il Matrimonio segreto, le Stabat mater, Cimarosa, Pergolese, Porpora,* qu'est-ce qu'Antonia, auprès de ces grands génies? une pauvre enfant qui vous aime, mais que vous oubliez pour eux.

— Moi t'oublier! s'écria Gottlieb, le vieux Murr oublier Antonia! Le père oublier sa fille! Pourquoi? pour quelques méchantes notes de musique, pour un assemblage de rondes et de croches, de noires et de blanches, de dièzes et de bémols! Ah bien oui! regarde comme je t'oublie.

Et tournant sur sa jambe torse avec une agilité étonnante, de son autre jambe et de ses deux mains, le vieillard fit voler les parties d'orchestration, *del Matrimonio segreto* toutes prêtes à être distribuées aux musiciens de l'orchestre.

— Mon père ! mon père ! dit Antonia.

— Du feu ! du feu ! cria maître Gottlieb, du feu, que je brûle tout cela ; du feu, que je brûle *Pergolese !* du feu, que je brûle *Cimarosa !* du feu, que je brûle *Paesiello !* du feu, que je brûle mes *Stradivarius !* mes *Gramulo !* du feu, que je brûle mon *Antonio Amati !* Ma fille, mon Antonia n'a-t-elle pas dit que j'aimais mieux des cordes, du bois et du papier, que ma chair et mon sang ? Du feu ! du feu !!! du feu !!!

Et le vieillard s'agitait comme un feu

et sautait sur sa jambe comme le diable boiteux, faisait aller ses bras comme un moulin à vent.

Antonia regardait cette folie du vieillard avec ce doux sourire d'orgueil filial satisfait. Elle savait bien, elle qui n'avait jamais fait de coquetterie qu'avec son père, elle savait bien qu'elle était toute-puissante sur le vieillard, que son cœur était un royaume où elle régnait en souveraine absolue. Aussi arrêta-t-elle le vieillard au milieu de ses évolutions, et, l'attirant à elle, déposa-t-elle un simple baiser sur son front.

Le vieillard jeta un cri de joie, prit sa

fille dans ses bras, l'enleva comme il eût fait d'un oiseau, et alla s'abattre, après avoir tourné trois ou quatre fois sur lui-même sur un grand canapé où il commença de la bercer comme une mère fait de son enfant.

D'abord Hoffmann avait regardé maître Gottlieb avec effroi ; en lui voyant jeter les partitions en l'air, en lui voyant enlever sa fille entre ses bras, il l'avait cru fou furieux, enragé. Mais, au sourire paisible d'Antonia, il s'était promptement rassuré, et, ramassant respectueusement les partitions éparses, il les replaçait sur les tables et sur les pupitres, tout en regardant du coin de l'œil ce groupe étrange, où le vieillard lui-même avait sa poésie.

Tout-à-coup quelque chose de doux, de suave, d'aérien, passa dans l'air, c'était une vapeur, c'était une mélodie, c'était quelque chose de plus divin encore, c'était la voix d'Antonia qui attaquait avec sa fantaisie d'artiste, cette merveilleuse composition de Stradella qui avait sauvé la vie à son auteur, le *Pieta Signore*.

Aux premières vibrations de cette voix d'ange, Hoffmann demeura immobile, tandis que le vieux Gottlieb, soulevant doucement sa fille de dessus ses genoux, la déposait, toute couchée comme elle était, sur le canapé; puis, courant à son Antonio Amati, et, accordant l'accompagnement avec les paroles, commença, de son côté, à faire passer l'harmonie de son archet sous le chant d'Antonia, et à le soutenir comme un ange soutient l'âme qu'il porte au ciel.

La voix d'Antonia était une voix de soprano, possédant toute l'étendue que la prodigalité divine peut donner, non pas à une voix de femme, mais à une voix d'ange. Antonia parcourait cinq octaves et demie; elle donnait avec la même facilité le contre-ut, cette note divine qui semble n'appartenir qu'aux concerts célestes, et l'*ut* de la cinquième octave des notes basses. Jamais Hoffmann n'avait entendu rien de si velouté, que ces quatre premières mesures chantées sans accompagnement, *Pieta, Signore, di me dolente*. Cette aspiration de l'âme souffrante vers Dieu, cette prière ardente au Seigneur d'avoir pitié de cette souffrance qui se lamente, prenaient dans la bouche d'Antonia un sentiment de respect divin qui ressemblait à la terreur. De son côté l'accompagnement, qui avait reçu la phrase flottante entre le ciel et la terre, qui l'avait, pour ainsi dire, prise entre ses bras, après le *la* expiré, et qui piano, piano, répétait comme un écho de la plainte, l'accompagnement était en tout digne de la voix lamentable, et douloureux comme elle. Il disait, lui, non pas en italien, non pas en allemand, non pas en français, mais dans cette langue universelle qu'on appelle la musique :

— *Pitié, Seigneur, pitié de moi, malheureuse; pitié, Seigneur, et si ma prière arrive à toi, que ta rigueur se désarme et que tes regards se retournent vers moi moins sévères et plus cléments.*

Et cependant tout en suivant, tout en

emboîtant la voix, l'accompagnement lui laissait toute sa liberté, toute son étendue ; c'était une caresse et non pas une étreinte, un soutien et non une gêne; et quand au premier sforzando, quand, sur le *re* et les deux *fa*, la voix se souleva comme pour essayer de monter au ciel, l'accompagnement parut craindre alors de lui peser comme une chose terrestre, et l'abandonna presque aux ailes de la foi, pour ne la soutenir qu'au *mi*-bécare, c'est-à-dire au diminuando, c'est-à-dire quand, lassée de l'effort, la voix retomba comme affaissée sur elle-même, et pareille à la madone de Canova, à genoux, assise sur ses genoux, et chez laquelle tout plie, âme et corps, affaissé, sous ce doute terrible, que la miséricorde du Créateur soit assez grande pour oublier la faute de la créature.

Puis, quand d'une voix tremblante elle continua : *Qu'il n'arrive jamais que je sois damnée et précipitée dans le feu éternel de ta rigueur, ô grand Dieu !* alors l'accompagnement se hasarda à mêler sa voix à la fois frémissante qui, entrevoyant les flammes éternelles, priait le Seigneur de l'en éloigner. Alors l'accompagnement pria de son côté, supplia, gémit, monta avec elle jusqu'au *fa*, descendit avec elle jusqu'à l'*ut*, l'accompagnant dans sa faiblesse, la soutenant dans sa terreur ; puis, tandis qu'haletante et sans force la voix mourait dans les profondeurs de la poitrine d'Antonia, l'accompagnement continua seul après la voix éteinte, comme après l'âme envolée, et déjà sur la route du ciel, continuent murmurantes et plaintives les prières des survivants.

Alors, aux supplications du violon de maître Gottlieb, commença de se mêler une harmonie inattendue, douce et puissante à la fois, presque céleste. Antonia se souleva sur son coude, maître Gottlieb se tourna à moitié et demeura l'archet suspendu sur les cordes de son violon. Hoffmann, d'abord étourdi, enivré, en délire, avait compris qu'aux élancements de cette âme, il fallait un peu d'espoir et qu'elle se briserait si un rayon divin ne lui montrait le ciel, et il s'était élancé vers un orgue, et il avait étendu ses dix doigts sur les touches frémissantes, et l'orgue, poussant un long soupir, venait de se mêler au violon de Gottlieb et à la voix d'Antonia.

Alors ce fut une chose merveilleuse que ce retour du motif *Pieta, Signore*, accompagné par cette voix d'espoir, au lieu d'être poursuivi comme dans la première partie par la terreur, et quand, pleine de foi dans son génie comme dans sa prière, Antonia attaqua avec toute la vigueur de sa voix le *fa* du Volgi, un frisson passa par les veines du vieux Gottlieb, et un cri s'échappa de la bouche d'Hoffmann, qui, écrasant l'Antonio Amati sous les torrents d'harmonie qui s'échappaient de son orgue, continua la voix d'Antonia après qu'elle eut expiré, et sur les ailes, non plus d'un ange, mais d'un ouragan, sembla porter le dernier soupir de cette âme au pied du Seigneur tout-puissant et tout miséricordieux.

Puis il se fit un moment de silence;

tous trois se regardèrent, et leurs mains se joignirent dans une étreinte fraternelle, comme leurs âmes s'étaient jointes dans une commune harmonie.

Et à partir de ce moment, ce fut non-seulement Antonia qui appela Hoffmann son frère, mais le vieux Gottlieb Murr, qui appela Hoffmann son fils !

IX

Le serment.

Peut-être le lecteur se demandera-t-il, ou plutôt nous demandera-t-il comment, la mère d'Antonia étant morte en chantant, maître Gottlieb Murr permettait que sa fille, c'est-à-dire que cette âme de son âme, courût le risque d'un danger pareil à celui auquel avait succombé la mère.

Et d'abord, quand il avait entendu Antonia essayer son premier chant, le pauvre père avait tremblé comme la feuille près de laquelle chante un oiseau. Mais c'était un véritable oiseau qu'Antonia, et le vieux musicien s'aperçut bientôt que le chant était sa langue naturelle. Aussi Dieu, en lui donnant une voix si étendue, qu'elle n'avait peut-être pas son égale au monde, avait-il indiqué que sous ce rapport maître Gottlieb n'avait du moins rien à craindre ; en effet, quand à ce don naturel du chant s'était jointe l'étude de la musique, quand les difficultés les plus exagérées du solfége avaient été mises sous les yeux de la jeune fille et vaincues aussitôt avec une merveilleuse facilité, sans grimace, sans efforts, sans une seule corde au cou, sans un seul clignottement d'yeux, il avait compris la perfection de l'instrument, et comme Antonia, en chantant les morceaux notés pour les voix les plus hautes, restait toujours en-deçà de ce qu'elle pouvait faire, il s'était convaincu qu'il n'y avait aucun danger à laisser aller le doux rossignol au penchant de sa mélodieuse vocation.

Seulement maître Gottlieb avait oublié

que la corde de la musique n'est pas la seule qui résonne dans le cœur des jeunes filles, et qu'il y a une autre corde bien autrement frêle, bien autrement vibrante, bien autrement mortelle : celle de l'amour !

Celle-là s'était éveillée chez la pauvre enfant, au son de l'archet d'Hoffmann ; inclinée sur sa broderie dans la chambre à côté de celle où se tenait le jeune homme et le vieillard, elle avait relevé la tête au premier frémissement qui avait passé dans l'air. Elle avait écouté ; puis peu à peu une sensation étrange avait pénétré dans son âme, avait couru

en frissons inconnus dans ses veines.
Elle s'était alors soulevée lentement,
appuyant une main à sa chaise, tandis
que l'autre laissait échapper la broderie
de ses doigts entr'ouverts. Elle était
restée un instant immobile; puis, lentement, elle s'était avancée vers la porte
et, comme nous l'avons dit, ombre évoquée de la vie matérielle, elle était appa-
rue, poétique vision, à la porte du cabinet de maître Gottlieb Murr.

Nous avons vu comment la musique
avait fondu à son ardent creuset ces trois
âmes en une seule, et comment, à la fin
du concert, Hoffmann était devenu com-
mensal de la maison.

C'était l'heure où le vieux Gottlieb avait l'habitude de se mettre à table. Il invita Hoffmann à dîner avec lui; invitation qu'Hoffmann accepta avec la même cordialité qu'elle était faite.

Alors, pour quelques instants, la belle et poétique vierge des cantiques divins se transforma en une bonne ménagère. Antonia versa le thé comme Clarisse Harlowe, fit des tartines de beurre comme Charlotte, et finit par se mettre elle-même à table et par manger comme une une simple mortelle.

Les Allemands n'entendent pas la poésie comme nous. Dans nos données de monde maniéré, la femme qui mange et qui boit se dépoétise. Si une jeune et jolie femme se met à table, c'est pour présider le repas ; si elle a un verre devant elle, c'est pour y fourrer ses gants, si toutefois elle ne conserve pas ses gants ; si elle a une assiette, c'est pour y égrainer à la fin du repas une grappe de raisin, dont l'immatérielle créature consent parfois à sucer les grains les plus dorés, comme fait une abeille d'une fleur.

On comprend, d'après la façon dont Hoffmann avait été reçu chez maître Gottlieb, qu'il y revint le lendemain, le surlendemain et les jours suivants.

Quant à maître Gottlieb, cette fréquence des visites d'Hoffmann ne paraissait aucunement l'inquiéter : Antonia était trop pure, trop chaste, trop confiante dans son père, pour que le soupçon vînt au vieillard que sa fille pût commettre une faute. Sa fille, c'était sainte Cécile, c'était la vierge Marie, c'était un ange des cieux ; l'essence divine l'emportait tellement en elle, sur la matière terrestre, que le vieillard n'avait jamais jugé à propos de lui dire qu'il y avait plus de danger dans le contact de deux corps que dans l'union de deux âmes.

Hoffmann était donc heureux, c'est-à-dire aussi heureux qu'il est donné à une créature mortelle de l'être. Le soleil de la joie n'éclaire jamais entièrement le cœur de l'homme ; il y a toujours, sur certains points de ce cœur, une tache sombre qui rappelle à l'homme que le bonheur complet n'existe pas en ce monde, mais seulement au ciel.

Mais Hoffmann avait un avantage sur le commun de l'espèce. Souvent l'homme ne peut pas expliquer la cause de cette douleur qui passe au milieu de son bien-être, de cette ombre qui se projette obscure et noire sur sa rayonnante félicité.

Hoffmann, lui, savait ce qui le rendait malheureux.

C'était cette promesse faite à Zacharias Werner d'aller le rejoindre à Paris ; c'était ce désir étrange de visiter la France, qui s'effaçait dès qu'Hoffmann se trouvait en présence d'Antonia, mais qui reprenait tout le dessus aussitôt qu'Hoffmann se retrouvait seul ; il y avait même plus : c'est qu'au fur et à mesure que le temps s'écoulait et que les lettres de Zacharias, réclamant la parole de son ami, étaient plus pressantes, Hoffmann s'attristait davantage.

En effet, la présence de la jeune fille

n'était plus suffisante à chasser le fantôme qui poursuivait maintenant Hoffmann jusqu'aux côtés d'Antonia. Souvent, près d'Antonia, Hoffmann tombait dans une rêverie profonde. A quoi rêvait-il? à Zacharias Werner, dont il lui semblait entendre la voix; souvent son œil, distrait d'abord, finissait par se fixer sur un point de l'horizon. Que voyait cet œil ou plutôt que croyait-il voir? la route de Paris, puis, à un des tournants de cette route, Zacharias marchant devant et lui faisant signe de le suivre.

Peu à peu, le fantôme qui était apparu à Hoffmann, à des intervalles rares et inégaux, revint avec plus de régularité et finit par le poursuivre d'une obsession continuelle.

Hoffmann aimait Antonia de plus en plus. Hoffmann sentait qu'Antonia était nécessaire à sa vie, que c'était le bonheur de son avenir ; mais Hoffmann sentait aussi qu'avant de se lancer dans ce bonheur, et pour que ce bonheur fût durable, il lui fallait accomplir le pèlerinage projeté, ou, sans cela, le désir renfermé dans son cœur, si étrange qu'il fût, le rongerait.

Un jour, qu'assis près d'Antonia, pendant que maître Gottlieb notait dans son cabinet le *Stabat* de Pergolèse, qu'il voulait exécuter à la Société philharmonique de Francfort, Hoffmann était tombé dans une de ces rêveries ordinaires, Antonia, après l'avoir regardé longtemps, lui prit les deux mains.

— Il faut y aller, mon ami, dit-elle.

Hoffmann la regarda avec étonnement.

— Y aller ? répéta-t-il, et où cela ?

— En France, à Paris.

— Et qui vous a dit, Antonia, cette secrète pensée de mon cœur, que je n'ose m'avouer à moi-même ?

—Je pourrais m'attribuer près de vous le pouvoir d'une fée, Théodore, — et vous dire : — J'ai lu dans votre pensée, j'ai lu dans vos yeux, j'ai lu dans votre cœur, mais je mentirais. Non, je me suis souvenue, voilà tout.

— Et de quoi vous êtes-vous souvenue, ma bien-aimée Antonia ?

—Je me suis souvenue que la veille du jour où vous êtes venu chez mon père, Zacharias Werner y était venu et nous avait raconté votre projet de voyage, votre désir ardent de voir Paris ; désir nourri depuis près d'un an, et tout prêt à s'accomplir. Depuis, vous m'avez dit ce qui vous avait empêché de partir. Vous m'avez dit comment, en me voyant pour la première fois, vous avez été pris de ce sentiment irrésistible dont j'ai été prise moi-même en vous écoutant, et maintenant il vous reste à me dire ceci : que vous m'aimez toujours autant. Hoffmann fit un mouvement.—Ne vous donnez pas la peine de me le dire, je le sais ; continua Antonia, mais qu'il y a quelque chose de plus puissant que cet amour, c'est le désir d'aller en France, de rejoindre Zacharias, de voir Paris enfin.

— Antonia ! s'écria Hoffmann, tout est

vrai dans ce que vous venez de dire, hors un point : c'est qu'il y avait quelque chose au monde de plus fort que mon amour ! Non, je vous le jure, Antonia, ce désir là, désir étrange auquel je ne comprends rien, je l'eusse enseveli dans mon cœur, si vous ne l'en aviez tiré vous-même. Vous ne vous trompez donc pas, Antonia. Oui, il y a une voix qui m'appelle à Paris, une voix plus forte que ma volonté, et cependant, je vous le répète, à laquelle je n'eusse pas obéi ; cette voix est celle de la destinée !

— Soit ; accomplissons notre destinée,

mon ami. Vous partirez demain. Combien voulez-vous de temps?

— Un mois, Antonia; dans un mois, je serai de retour.

— Un mois ne vous suffira pas, Théodore; en un mois vous n'aurez rien vu; je vous en donne deux; je vous en donne trois; je vous donne le temps que vous voudrez, enfin, mais j'exige une chose ou plutôt deux choses de vous.

— Lesquelles, chère Antonia, lesquelles? dites vite.

— Demain, c'est dimanche; demain, c'est jour de messe; regardez par votre fenêtre comme vous avez regardé le jour du départ de Zacharias Werner, et, comme ce jour-là, mon ami, seulement plus triste, vous me verrez monter les degrés de l'église ; alors venez me rejoindre à ma place accoutumée, alors asseyez-vous près de moi, et, au moment où le prêtre consacrera le sang de Notre-Seigneur, vous me ferez deux serments : — celui de me demeurer fidèle, celui de ne plus jouer.

— Oh! tout ce que vous voudrez, à l'instant même, chère Antonia, je vous jure.

— Silence, Théodore, vous jurerez demain.

— Antonia, Antonia, vous êtes un ange.

— Au moment de nous séparer, Théodore, n'avez-vous pas quelque chose à dire à mon père ?

— Oui, vous avez raison. Mais, en vérité, je vous avoue, Antonia, que j'hésite que je tremble. Mon Dieu ! que suis-je donc, pour oser espérer ?...

— Vous êtes l'homme que j'aime, Théodore. Allez trouver mon père, allez.

Et faisant à Hoffmann un signe de la main, elle ouvrit la porte d'une petite chambre transformée par elle en oratoire.

Hoffmann la suivit des yeux jusqu'à ce que la porte fût refermée, et, à travers la porte, il lui envoya, avec tous les baisers de sa bouche, tous les élans de son cœur.

Puis il entra dans le cabinet de maître Gottlieb.

Maître Gottlieb était si bien habitué au pas d'Hoffmann, qu'il ne souleva même pas les yeux de dessus le pupitre où il copiait le *Stabat*. Le jeune homme entra et se tint debout derrière lui.

Au bout d'un instant, maître Gottlieb, n'entendant plus rien, même la respiration du jeune homme, maître Gottlieb se retourna.

— Ah! c'est toi, garçon., dit-il en renversant sa tête en arrière pour arriver à regarder Hoffmann à travers ses lunettes. Que viens-tu me dire ?

Hoffmann ouvrit la bouche ; mais il la referma sans avoir articulé un son.

— Es-tu devenu muet ? demanda le

vieillard; peste! ce serait malheureux, un gaillard qui en découd comme toi lorsque tu t'y mets, ne peut pas perdre la parole comme cela,— à moins que ce ne soit par punition d'en avoir abusé !

— Non, maître Gottlieb, non, je n'ai point perdu la parole, Dieu merci. Seulement, ce que j'ai à vous dire...

— Eh bien ?

— Eh bien !... me semble chose difficile.

— Bah ! est-ce donc chose bien difficile que de dire : maître Gottlieb, j'aime votre fille.

— Vous savez cela, maître Gottlieb.

— Ah çà mais ! je serais bien fou, ou plutôt bien sot, si je ne m'en étais pas aperçu, de ton amour.

— Et cependant, vous avez permis que je continuasse de l'aimer.

— Pourquoi pas ? puisqu'elle t'aime.

— Mais, maître Gottlieb, vous savez que je n'ai aucune fortune.

— Bah ! les oiseaux du ciel ont-ils une fortune ? Ils chantent, ils s'accouplent, ils bâtissent un nid et Dieu les nourrit. Nous autres, artistes, nous ressemblons fort aux oiseaux ; nous chantons, et Dieu vient à notre aide. Quand le chant ne suffira pas, tu te feras peintre ; quand la peinture sera insuffisante, tu te feras musicien. Je n'étais pas plus riche que toi, quand j'ai épousé ma pauvre Térésa ; eh bien ! ni le pain, ni l'abri ne nous ont jamais fait faute. J'ai toujours eu besoin d'argent, et je n'en ai jamais manqué. Es-tu riche d'amour? voilà tout ce que je te demande ; mérites-tu le trésor que tu convoites? voilà tout ce que je désire savoir. Aimes-tu Antonia, plus que ta vie, plus que ton âme ? alors je suis tranquille, Antonia ne manquera jamais de rien. Ne l'aimes-tu point ? c'est autre chose; eusses-tu cent mille livres de rentes, elle manquera toujours de tout.

Hoffmann était près de s'agenouiller devant cette adorable philosophie de l'artiste. Il s'inclina sur la main du veillard, qui l'attira à lui et le pressa contre son cœur.

— Alons, allons, lui dit-il, c'est convenu; fais ton voyage, puisque la rage d'entendre cette horrible musique de M. Méhul et de M. Dalayrac te tourmente; c'est une maladie de jeunesse qui sera vite guérie. Je suis tranquille; fais ce voyage, mon ami, et reviens ici, tu y retrouveras Mozart, Beethoven, Cimarosa,

Pergolèse, Paesiello, le Porpora, et, de plus, maître Gottlieb et sa fille, c'est-à-dire un père et une femme. Va, mon enfant, va.

Et maître Gottlieb embrassa de nouveau Hoffmann qui, voyant venir la nuit, jugea qu'il n'avait pas de temps à perdre, et se retira chez lui pour faire ses préparatifs de départ.

Le lendemain, dès le matin, Hoffmann était à sa fenêtre. Au fur et à mesure que le moment de quitter Antonia approchait, cette séparation lui semblait de plus en plus impossible. Toute cette ravissante période de sa vie, qui venait de s'écouler, ces sept mois qui avaient passé comme un jour, et qui se représentaient à sa mémoire, tantôt comme un vaste horizon qu'il embrassait d'un coup-d'œil, tantôt comme une série de jours joyeux, venaient les uns après les autres, souriants, couronnés de fleurs ; ces doux chants d'Antonia, qui lui avaient fait un air tout semé de douces mélodies ; tout cela était un attrait si puissant, qu'il luttait presque avec l'inconnu, ce merveilleux enchanteur qui attire à lui les cœurs les plus forts, les âmes les plus froides.

A dix heures, Antonia parut au coin de la rue où, à pareille heure, sept mois auparavant, Hoffmann l'avait vue pour la première fois. La bonne Lisbeth la suivait comme de coutume ; toutes deux montèrent les degrés de l'église. Arrivée au dernier degré, Antonia se retourna, aperçut Hoffmann, lui fit de la main un signe d'appel et entra dans l'église.

Hoffmann s'élança hors de la maison et y entra après elle.

Antonia était déjà agenouillée et en prière.

Hoffmann était protestant, et ces

chants dans une autre langue lui avaient toujours paru assez ridicules ; mais lorsqu'il entendit Antonia psalmodier ce chant d'église si doux et si large à la fois, il regretta de ne pas en savoir les paroles pour mêler sa voix à la voix d'Antonia, rendue plus suave encore par la profonde mélancolie à laquelle la jeune fille était en proie.

Pendant tout le temps que dura le saint sacrifice, elle chanta de la même voix dont là-haut doivent chanter les anges ; puis enfin quand la sonnette de l'enfant de chœur annonça la consécration de l'hostie, au moment où les fidèles se courbaient devant le Dieu qui, aux mains du prêtre, s'élevait au-dessus de leurs têtes, seule Antonia redressa son front.

— Jurez, dit-elle.

— Je jure, dit Hoffmann d'une voix tremblante, je jure de renoncer au jeu.

— Est-ce le seul serment que vous veuillez me faire, mon ami ?

— Oh ! non, attendez. Je jure de vous rester fidèle de cœur et d'esprit, de corps et d'âme.

— Et sur quoi jurez-vous cela ?

— Oh ! s'écria Hoffman, au comble de l'exaltation, sur ce que j'ai de plus cher, sur ce que j'ai de plus sacré, sur votre vie !

— Merci, s'écria à son tour Antonia, car si vous ne tenez pas votre serment, je mourrai.

Hoffmann tressaillit, un frisson passa par tout son corps ; il ne se repentit pas, seulement il eut peur.

Le prêtre descendait les degrés de l'autel, emportant le saint-sacrement dans la sacristie.

Au moment où le corps divin de notre Seigneur passait, elle saisit la main d'Hoffmann.

— Vous avez entendu son serment, n'est-ce pas, mon Dieu ? dit Antonia.

Hoffmann voulut parler.

— Plus une parole, plus une seule ; je veux que celles dont se composait votre serment, étant les dernières que j'aurai entendues de vous, bruissent éternellement à mon oreille. Au revoir, mon ami, au revoir.

Et, s'échappant, légère comme une

ombre, la jeune fille laissa un médaillon dans la main de son amant.

Hoffmann la regarda s'éloigner comme Orphée dut regarder Euridice fugitive ; puis lorsqu'Antonia eut disparu, il ouvrit le médaillon.

Le médaillon renfermait le portrait d'Antonia, tout resplendissant de jeunesse et de beauté.

Deux heures après, Hoffmann prenait sa place dans la même diligence que Zacharias Werner, en répétant :

— Sois tranquille, Antonia, oh! non, je ne jouerai pas, oh! oui, je te serai fidèle.

X

Une barrière de Paris en 1793.

Le voyage du jeune homme fut assez triste dans cette France qu'il avait tant désirée. — Ce n'était pas qu'en se rapprochant du centre, il éprouvât autant de difficultés qu'il en avait rencontré pour se rendre aux frontières ; — non, la République française faisait meilleur accueil aux arrivants qu'aux partants.

Toutefois, on n'était admis au bonheur de savourer cette précieuse forme de gouvernement, qu'après avoir accompli un certain nombre de formalités passablement rigoureuses.

Ce fut le temps où les Français surent le moins écrire, — mais ce fut le temps où ils écrivirent le plus. — Il paraissait donc, à tous les fonctionnaires de fraîche date, convenable d'abandonner leurs occupations domestiques ou plastiques, pour signer des passeports, composer des signalements, donner des visas, accorder des recommandations et faire, en un mot, tout ce qui concerne l'état de patriote.

Jamais la paperasserie n'eut autant de développement qu'à cette époque. Cette maladie endémique de l'administration française, se greffant sur le terrorisme, produisit les plus beaux échantillons de calligraphie grotesque dont on eût ouï parler jusqu'à ce jour.

Hoffmann avait sa feuille de route d'une exiguité remarquable. C'était le temps des exiguités : journaux, livres, publications de colportage, tout se réduisait au simple in-octavo pour les plus grandes mesures. La feuille de route du voyageur, disons-nous, fut envahie dès l'Alsace par des signatures de fonctionnaires, qui ne ressemblaient pas mal à des zigzags d'ivrognes qui toisent diagonalement les rues en battant l'une et l'autre muraille.

Force fut donc à Hoffmann de joindre une feuille à son passeport, puis une autre en Lorraine, où surtout les écritures prirent des proportions colossales. Là où le patriotisme était le plus chaud, les écrivains étaient plus naïfs. Il y eut un maire qui employa deux feuillets, recto et verso, pour donner à Hoffmann un autographe ainsi conçu :

« Auphemanne, chune Allemans, hami de la libreté, se rendan à Pari ha pié..

« Signé, GOLIER. »

Muni de ce parfait document sur sa patrie, son âge, ses principes, sa destination et ses moyens de transports, Hoffmann ne s'occupa plus que du soin de coudre ensemble tous ces lambeaux civiques, et nous devons dire qu'en arrivant à Paris il possédait un assez joli volume, que, disait-il, il ferait relier en ferblanc, si jamais il tentait un nouveau voyage, parce que, forcé d'avoir toujours ces feuilles à la main, elles risquaient trop dans un simple carton.

Partout on lui répétait :

— Mon cher voyageur, la province est encore habitable, mais Paris est bien remué. Défiez-vous, citoyen, il y a une police bien pointilleuse à Paris, et, en votre qualité d'Allemand, vous pourriez n'être pas traité en bon français.

A quoi Hoffmann répondait par un sourire fier, réminiscence de fiertés spartiates quand les espions de Thessalie cherchaient à grossir les forces de Xercès, roi des Perses.

Il arriva devant Paris ; c'était le soir, les barrières étaient fermées.

Hoffmann parlait passablement la langue française, mais on est Allemand ou on ne l'est pas; si on ne l'est pas, on a un accent qui, à la longue, réussit à passer pour l'accent d'une de nos provinces; si on l'est, on passe toujours pour un Allemand.

Il faut expliquer comment se faisait la police aux barrières.

D'abord, elles étaient fermées; ensuite, sept ou huit sectionnaires, gens oisifs et pleins d'intelligence, Lavaters amateurs, rôdaient par escouades, en fumant leurs pipes, autour de deux ou trois agents de la police municipale.

Ces braves gens qui, de députations en députations, avaient fini par hanter toutes les salles de clubs, tous les bureaux de districts, tous les endroits où la politique s'était glissée par le côté actif ou le côté passif, ces gens qui avaient vu à l'Assemblée nationale ou à la Convention chaque député, dans les tribunes tous les aristocrates mâles et femelles, dans les promenades tous les élégants signalés, dans les théâtres toutes les célébrités suspectes, dans les revues tous les officiers, dans les tribunaux tous les accusés plus ou moins libérés d'accusation, dans les prisons tous les prêtres épargnés, ces dignes patriotes savaient si bien leur Paris, que tout visage de connaissance devait les frapper au passage, et disons-le, les frappait presque toujours.

Ce n'était pas chose aisée que de se déguiser alors : trop de richesse dans le costume appelait l'œil, trop de simplicité appelait le soupçon. Comme la malpropreté était un des insignes de civisme les plus répandus, tout charbonnier, tout porteur d'eau, tout marmiton pouvait cacher un aristocrate ; et puis la main blanche aux beaux ongles, comment la dissimuler entièrement ? Cette démarche aristocratique, qui n'est plus sensible de nos jours, où les plus humbles portent les plus hauts talons, comment la cacher à vingt paires d'yeux plus ardents que ceux du limier en quête ?

Un voyageur était donc, dès son arrivée, fouillé, interrogé, dénudé, quant au moral, avec une facilité que donnait l'usage, et une liberté que donnait... la liberté.

Hoffmann parut devant ce tribunal vers six heures du soir, le 7 décembre. Le temps était gris, rude, mêlé de brume et de verglas ; mais les bonnets d'ours et de loutre emprisonnant les têtes patrioles, leur laissaient assez de sang chaud à la cervelle et aux oreilles, pour qu'ils possédassent toute leur présence d'esprit et leurs précieuses facultés investigatrices.

Hoffmann fut arrêté par une main qui se posa doucement sur sa poitrine.

Le jeune voyageur était vêtu d'un habit gris de fer, d'une grosse redingote, et ses bottes allemandes lui dessinaient une jambe assez coquette, car il n'avait pas rencontré de boue depuis la dernière étape, et le carrosse ne pouvant plus marcher à cause du grésil, Hoffmann avait fait six lieues à pied, sur une route légèrement saupoudrée de neige durcie.

— Où vas-tu comme cela, citoyen, avec tes belles bottes? dit un agent au jeune homme.

— Je vais à Paris, citoyen.

— Tu n'es pas dégoûté, jeune Prusssssien, répliqua le sectionnaire, en prononçant cette épithète de Prussien avec une prodigalité d'*s* qui fit accourir dix curieux autour du voyageur.

Les Prussiens n'étaient pas à ce moment de moins grands ennemis pour la

France que les Philistins pour les compatriotes de Samson, l'Israélite.

— Eh bien ! oui, je suis Pruzien, répondit Hoffmann, en changeant les cinq *s* du sectionnaire en un *z*, après ?

— Alors, si tu es Prussien, tu es bien en même temps un petit espion de Pitt et Cobourg. Hein ?

— Lisez mes passeports, répondit Hoffmann, en exhibant son volume à l'un des lettrés de la barrière.

— Viens, répliqua celui-ci, en tournant les talons pour emmener l'étranger au corps-de-garde.

Hoffmann suivit ce guide avec une tranquillité parfaite.

Quand, à la lueur des chandelles fumeuses, les patriotes virent ce jeune homme nerveux, l'œil ferme, les cheveux mal ordonnés, hachant son français avec le plus de conscience possible, l'un d'eux s'écria :

— Il ne se niera pas aristocrate, celui-là, a-t-il des mains et des pieds !

— Vous êtes *un* bête, citoyen, répondit Hoffmann ; je suis patriote autant que vous, et de plus, je suis *une* artiste.

En disant ces mots, il tira de sa poche

une de ces pipes effrayantes, dont un plongeur de l'Allemagne peut seul trouver le fond.

Cette pipe fit un effet prodigieux sur les sectionnaires qui savouraient leur tabac dans leurs petits réceptacles.

Tous se mirent à contempler le petit jeune homme qui entassait dans cette pipe, avec une habileté, fruit d'un grand usage, la provision de tabac d'une semaine.

Il s'assit ensuite, alluma le tabac méthodiquement jusqu'à ce que le fourneau présentât une large croûte de feu à sa surface, puis il aspira à temps égaux des nuages de fumée qui sortirent gracieusement en colonnes bleuâtres de son nez et de ses lèvres.

— Il fume bien, dit un des sectionnaires.

— Et il paraît que c'est un fameux, dit un autre ; vois donc ses certificats.

— Qu'es-tu venu faire à Paris ? demanda un troisième.

— Etudier la science de la liberté, répliqua Hoffmann.

— Et quoi encore ? ajouta le Français

peu ému de l'héroïsme d'une telle phrase, probablement à cause de sa grande habitude.

— Et la peinture, ajouta Hoffmann.

— Ah! tu es peintre, comme le citoyen David?

— Absolument.

— Tu sais faire les patriotes romains tous nus comme lui?

— Je les fais tout habillés, dit Hoffmann.

— C'est moins beau.

— C'est se...

...s-moi donc mon portrait, dit le sectionnaire avec admiration.

— Volontiers.

Hoffmann prit un tison au poêle, en éteignit à peine l'extrémité rutilante, et, sur le mur blanchi à la chaux, il dessina un des plus laids visages qui eussent jamais déshonoré la capitale du monde civilisé.

Le bonnet à poil et la queue de renard, la bouche baveuse, les favoris épais, la courte pipe, le menton fuyant, furent imités avec un si rare bonheur de vérité dans sa charge, que tout le corps de garde demanda au jeune homme la faveur d'être *portraituré* par lui.

Hoffmann s'exécuta de bonne grâce et croqua sur le mur une série de patriotes aussi bien réussis, mais moins nobles assurément, que les bourgeois de la Ronde nocturne de Rembrandt.

Les patriotes une fois en belle humeur, il ne fut plus question de soupçons, l'Allemand fut naturalisé Parisien; on lui offrit la bière d'honneur, et lui, en garçon bien pensant, il offrit à ses hôtes du vin de Bourgogne, que ces Messieurs acceptèrent de grand cœur.

Ce fut alors que l'un d'eux, plus rusé que les autres, prit son nez épais dans le crochet de son index, et dit à Hoffmann en clignant l'œil gauche.

— Avoue-nous une chose, citoyen allemand.

— Laquelle? notre ami.

— Avoue-nous le but de ta mission.

— Je te l'ai dit : la politique et la peinture.

— Non, non, autre chose.

— Je t'assure, citoyen.

— Tu comprends bien que nous ne t'accusons pas ; tu nous plais, et nous te protégerons ; mais voici deux délégués du club des Cordeliers, deux des Jacobins ; moi, je suis des Frères et Amis ; choisis parmi nous celui de ces clubs auquel tu feras ton hommage.

— Quel hommage? dit Hoffmann, surpris.

— Oh! ne t'en cache pas, c'est si beau, que tu devrais t'en pavaner partout.

— Vrai, citoyen, tu me fais rougir, explique-toi.

— Regarde et juge si je sais deviner, dit le patriote.

Et ouvrant le livre des passeports, il montra de son doigt gras sur une page, sous la rubrique Strasbourg, les lignes suivantes :

— Hoffman, voyageur, venant de Manheim, a pris à Strasbourg une caisse étiquetée ainsi qu'il suit : O. B.

— C'est vrai, dit Hoffmann.

— Eh bien ! que contient cette caisse?

— J'ai fait ma déclaration à l'octroi de Strasbourg.

— Regardez, citoyens, ce que ce petit sournois apporte ici.... Vous souvenez-vous de l'envoi de nos patriotes d'Auxerre ?

— Oui, dit l'un d'eux, une caisse de lard.

— Pourquoi faire ?

— Pour graisser la guillotine, s'écria un chœur de voix satisfaites.

— Eh bien! dit Hoffmann un peu pâle, quel rapport cette caisse que j'apporte peut-elle avoir avec l'envoi des patriotes d'Auxerre ?

— Lis, dit le Parisien en lui montrant son passeport; lis, jeune homme;

« Voyageant pour la politique et pour l'art. » C'est écrit!

— O République! murmura Hoffmann.

— Avoue donc, jeune ami de la liberté, lui dit son protecteur.

— Ce serait me vanter d'une idée, que je n'ai pas eue, répliqua Hoffmann. Je n'aime pas la fausse gloire; non, la caisse que j'ai prise à Strasbourg et qui m'arrivera par le roulage, ne contient qu'un violon, une boîte à couleurs et quelques toiles roulées.

Ces mots diminuèrent beaucoup l'estime que certains avaient conçue d'Hoffmann. On lui rendit ses papiers, on fit raison à ses rasades, mais on cessa de le regarder comme un sauveur des peuples esclaves.

L'un des patriotes ajouta même.

— Il ressemble à Saint-Just, mais j'aime mieux Saint-Just.

Hoffman, replongé dans sa rêverie qu'échauffaient le poêle, le tabac et le vin de Bourgogne, demeura quelque temps silencieux. Mais soudain, relevant la tête :

— On guillottine donc beaucoup ici? dit-il.

— Pas mal, pas mal ; cela a baissé un

peu depuis les Brissotins, mais c'est encore satisfaisant.

— Savez-vous où je trouverais un bon gîte? mes amis.

— Partout.

— Mais pour tout voir.

— Ah! alors loge-toi du côté du quai aux Fleurs.

— Bien.

— Sais-tu où cela se trouve, le quai aux Fleurs?

— Non, mais ce mot de fleurs me plaît. Je m'y vois déjà installé, au quai aux Fleurs. Par où y va-t-on?

— Tu vas descendre tout droit la rue d'Enfer, et tu arriveras au quai.

— Quai, c'est-à-dire que l'on touche à l'eau! dit Hoffmann.

— Tout juste.

— Et l'eau, c'est la Seine?

— C'est la Seine.

— Le quai aux Fleurs borde la Seine, alors?

— Tu connais Paris mieux que moi, citoyen allemand.

— Merci. Adieu; puis-je passer?

— Tu n'as plus qu'une petite formalité à accomplir.

— Dis.

— Tu passeras chez le commissaire de police, et tu te feras délivrer un permis de séjour.

— Très bien ! Adieu.

— Attends encore. Avec ce permis du commissaire, tu iras à la police.

— Ah ! ah !

— Et tu donneras l'adresse de ton logement.

— Soit ! c'est fini ?

— Non, tu te présenteras à la section.

— Pourquoi faire?

— Pour justifier tes moyens d'existence.

— Je ferai tout cela, et ce sera tout?

— Pas encore, il faudra faire des dons patriotiques.

— Volontiers.

— Et ton serment de haine aux tyrans français et étrangers.

— De tout mon cœur. Merci de ces précieux renseignements.

— Et puis, tu n'oublieras pas d'écrire lisiblement tes nom et prénoms sur une pancarte à ta porte.

— Cela sera fait.

— Va-t-en, citoyen, tu nous gênes.

Les bouteilles étaient vides.

— Adieu, citoyens, grand merci de votre politesse.

Et Hoffmann partit, toujours en société de sa pipe plus allumée que jamais.

Voici comment il fit son entrée dans la capitale de la France républicaine.

Ce mot charmant, — quai aux Fleu, — l'avait affriandé. Hoffmann se figurait déjà une petite chambre, dont le balcon donnait sur ce merveilleux quai aux Fleurs.

Il oubliait décembre et les vents de bise il oubliait la neige et cette mort passagère de toute la nature. Les fleurs venaient éclore dans son imagination sous la fumée de ses lèvres; il ne voyait plus que les jasmins et la rose malgré les cloaques du faubourg.

Il arriva, neuf heures sonnant, au quai aux Fleurs, lequel était parfaitement sombre et désert, ainsi que le sont les quais du nord en hiver. Toutefois cette solitude était ce soir plus noire et plus sensible qu'autre part.

Hoffmann avait trop faim, il avait trop froid pour philosopher en chemin; mais pas d'hôtellerie sur ce quai.

Levant les yeux, il aperçut enfin au coin du quai et de la rue de la Barillerie une grosse lanterne rouge dans les vitres de laquelle tremblait un lumignon crasseux.

Ce fanal pendait et se balançait au bout d'une potence de fer, fort propre, en ces temps d'émeute, à suspendre un ennemi politique.

Hoffman ne vit que ces mots écrits en lettres vertes sur le verre rouge : — Logis à pied. — Chambres et cabinets meublés.

Il heurta vivement à la porte d'une allée ; la porte s'ouvrit : le voyageur entra en tâtonnant.

Une voix rude lui cria :

— Fermez votre porte. Et un gros chien, aboyant, sembla lui dire :

— Gare à vos jambes.

Prix fait avec une hôtesse assez avenante, chambre choisie, Hoffman se trouva possesseur de quinze pieds de long sur huit de large, formant ensemble une chambre à coucher et un cabinet, moyennant trente sols par jour, payables chaque matin, au lever.

Hoffman était si joyeux, qu'il paya quinze jours d'avance de peur qu'on ne vînt lui contester la possession de ce logement précieux.

Cela fait, il se coucha dans un lit assez humide ; mais tout lit est lit pour un voyageur de dix-huit ans.

Et puis, comment se montrer difficile quand on a le bonheur de loger quai aux Fleurs ?

Hoffmann invoqua d'ailleurs le souvenir d'Antonia, et le Paradis n'est-il pas toujours là où l'on invoque les anges ?

FIN DU PREMIER VOLUME.

TABLE

Chap. I. L'Arsenal. 1
    II. L'Arsenal (*suite*). 29
    III. L'Arsenal (*suite*). 71
    IV. L'Arsenal (*suite*). 103
    V. La famille d'Hoffmann. 137
    VI. Un amoureux et un fou. 161
    VII. Maître Gottlieb Murr. 193
    VIII. Antonia. 233
    IX. Le serment. 259
    X. Une barrière de Paris en 1795. . . . 293

Impr. de E. Dépée, Sceaux.

www.ingramcontent.com/pod-product-compliance
Lightning Source LLC
Chambersburg PA
CBHW060629170426
43199CB00012B/1490